ARMONÍA

Diether de la Motte

ARMONÍA

IDEA BOOKS, S.A.
ROSELLÓN, 186, 1º, 4ª – 08008 – BARCELONA
Tel.: 934 533 002 – Fax 934 541 895
http://www.ideabooks.es

Traducción de Luis Romano Haces
Revisión de Juan José Olives Palenzuela
Diseño cubierta de Carlos Aznar

1ª edición en la colección Idea Música, 1998

Título de la edición original: *Harmonielehre*

Diether de la Motte: Harmonielehre
Gemeinschaftliche Originalausgabe:
Deutscher Taschenbuch Verlag, München und
Bärenreiter-Verlag, Kassel-Basel-London

IDEA BOOKS, S.A.
ROSELLÓN, 186, 1º, 4ª – 08008 – BARCELONA
Tel.: 934 533 002 – Fax 934 541 895
http://www.ideabooks.es

Depósito Legal: B-41.311-98
ISBN: 84-8236-105-8

Printed in Spain - Impreso en España

Impreso en Gersa

*A los vinos del Palatinado,
en especial al Rhodter y al Schweigener,
con una entrega profunda*

PRESENTACIÓN

La importancia de este libro reside fundamentalmente en su visión histórica. El autor nos propone un recorrido a través de las transformaciones armónicas que han condicionado la evolución del lenguaje musical en los últimos cuatrocientos años. Desde Lasso y Palestrina hasta Messiaen, pasando por Mozart, Beethoven, Wagner, Debussy y Schönberg. Un planteamiento basado en tal perspectiva y elaborado con tanta seriedad como rigor es desconocido en nuestro entorno. Al interés de su singular enfoque se añade, por tanto, la novedad que para nosotros representa su publicación.

La armonía no es aquí un *corpus* teórico inmóvil; ni es un objeto sin pasado. La carencia de relativización histórica en el aprendizaje de *lo armónico*, con sus consecuencias en la comprensión de los hechos musicales, es rechazada sin apenas concesiones. El concepto que informa el discurso del texto entiende que la armonía no puede basarse en una acumulación de conocimientos establecidos en una reglamentación atemporal. El anonimato es improbable, pues es la práctica musical la que determina la filiación de sus propias conquistas sonoras y la que las explica, constatando, además, su individual razón de ser en medio del curso de la historia. La práctica musical sería, así, fruto y origen del pensamiento musical. Un acorde, una cadencia o cualquier otro acontecimiento armónico, no podrá tener idéntica significación en dos compositores o estilos diferentes, aun cuando su aspecto externo sea aparentemente el mismo. Tampoco las normas arquetípicas que regulan los comportamientos armónicos, elevadas al rango de categorías absolutas, podrán ser explicadas si no es acudiendo al lugar del que proceden.

El objeto del libro sobrepasa los márgenes históricos de la época de la armonía; es decir, el arco histórico que se sitúa entre finales del setecientos y comienzos del siglo xx, y que usualmente se justifica —no sin cierta imprecisión— como época prioritaria en las relaciones sonoras verticales. La creencia de que *lo armónico* —que no *la armonía*— ha de basarse estrictamente sobre la idea de tensión y distensión, de relajación y punto culminante, de llegada y retorno, en definitiva, sobre principios dinámico-estructurales, hace que el autor contemple también los fenómenos sonoros del último Renacimiento —en su imbricación con el primer barroco— y las consecuencias musicales de la llamada disgregación de la armonía tonal en la primera mitad de nuestro siglo. Por ello, muchos de los procedimientos considerados únicamente como parte de la armonía, tendrán su explicación y recibirán su justa apreciación en el correlato del contrapunto, siendo a su vez ambos parámetros musicales sustraídos a la particularidad de la práctica artística.

La propuesta de elaboración de una teoría armónica a partir de la práctica musical tiene, no obstante, la ambigüedad propia de un espejismo teórico. No nos engañemos. Quien crea haberse apropiado del hecho objetivo mediante una metodología radical de lo empírico —siendo además aquí lo histórico el terreno de su reflexión—, deberá cuestionarse por el condicionamiento anterior del lenguaje, del lenguaje armónico en este caso. La pretensión de hacer aprehensible la teoría a partir de la práctica —a través de coordenadas históricas en cualquier caso cuestionables como mínimo—, plantea el problema de la inmanencia del conocimiento en el que el pensamiento devuelto a la acción musical es el que acomoda y circunscribe su formulación teórica.

En cualquier caso, este libro proporcionará a alumnos y profesores la oportunidad de cotejar y revisar el estudio y conocimiento de la armonía escolástica a la luz de un planteamiento distinto. Extraer después las consecuencias pertinentes, es cosa que les compete exclusivamente a ellos. Pero, sea cual fuere el resultado, no dudamos en recomendar su minuciosa lectura, convencidos de la gran aportación que esta obra supone para la enseñanza de la armonía.

El lector tal vez encuentre alguna dificultad en la comprensión del sistema de clasificación de las funciones tonales empleado por Diether de la Motte. La dificultad es más aparente que real; lo que no evitará, para quien desconozca esta tipología, cierto esfuerzo inicial. El «cifrado» de todas las relaciones armónicas de una tonalidad está indicado exclusivamente empleando, solas o en combinación, las iniciales de las tres funciones principales; mayúsculas para el modo mayor (T, D, S) y minúsculas para el menor (t, d, s). Para la indicación del estado de los acordes se añaden, en su caso, los números convencionales correspondientes. La *dominante* atravesada por una raya oblicua ($\cancel{D}$) designa al *VII grado* como representante de esta función sin la fundamental real. Bastará que el lector, paralelamente al estudio del texto, anote con cuidado los signos clasificatorios empleados y los compare inmediatamente con los que le son más próximos y a los que está acostumbrado.

Hemos incluido, como complemento de la obra, unas explicaciones a la traducción de algunos términos alemanes, así como una tabla de equivalencias, a modo de pequeño glosario, que pensamos pueden ser útiles para la comprensión del texto y de los ejemplos.

Juan José Olives

Barcelona, septiembre de 1998

NOTAS Y ACLARACIONES A LA TRADUCCIÓN
DE ALGUNOS TÉRMINOS ALEMANES

1. **Ab- und anspringende Nebennoten.** Literalmente, notas que *bajan de un salto* (abspringen) o que *saltan contra* (anspringen). En su concepción general equivaldrían al término *escapadas*, usual en nuestro vocabulario armónico y contrapuntístico. Forzando la interpretación, las primeras podrían corresponder a las *escapadas* propiamente dichas (salto de tercera ascendente o descendente desde la nota extraña), y las segundas a las llamadas, en algunos manuales, *escapadas disjuntas*. En esta edición hemos aplicado globalmente la traducción **escapadas** para ambas acepciones, especificando en cada caso lo que les es característico. Así —y en un intento de conservar la particular designación del autor y la tendencia «menos esquemática» de la terminología alemana—, denominaremos **notas auxiliares por salto** en respuesta a *abspringende* (Nebennoten: notas de al lado o *auxiliares*), y **notas de ataque** como calificación aproximada de *anspringende*.

2. **Akkordträger.** El verbo *tragen* (literalmente, *llevar*), sus distintas voces, sustantivación, o su asociación a nombres propios (*Akkordträger*, por ejemplo), aparece a lo largo del libro definiendo un determinado comportamiento de los fenómenos melódico-armónicos. No hemos sabido hallar un término castellano con valor semántico diferenciador que pueda explicar, por sí mismo, el sentido unívoco que el autor confiere a las distintas formas del vocablo alemán. En cualquier caso, sirve para denominar y definir la manera de ser de algunas armonías en tanto que acordes *básicos* o *pilares*, dentro de un proceso musical discursivo. Son aquellos acordes que sostienen o soportan, como armazón estructural o cimiento del edificio armónico, el devenir de un trozo o sección de una obra. La traducción como *acordes conductores* —que, en principio, nos pareciera válida— fue desechada por su ambigüedad en el horizonte de nuestros hábitos de designación (*acorde conductor* podría ser cualquier acorde de una secuencia armónica, en tanto que uno es encadenado —conduce— a otro). Al fin optamos por una explicación «por el contexto», aplicando una terminología de referencia in situ; aquella que procure al lector una comprensión fiel en cada capítulo o fragmentos del mismo, y que le facilite una asociación de significado con otras apariciones del concepto en distintas partes del libro. De este modo en la traducción aparecerá

como: acordes (voces, armonías...) **sustentadores, que sustentan, sustentadores básicos, sustentadas,** etc.

3. **Atonikalen.** Término traducido como **atónico** en el apartado «Kadenzen im atonikalen Raum» (Cadencias en espacio atónico). Se podría haber elegido también la traducción *carente de centro tonal*, que es a lo que en definitiva se refiere el concepto y que, de todas formas, aparecerá así traducido en el interior del apartado. Es decir, procesos armónicos interrumpidos o desviados, propios de la música de Wagner, causa de una ampliación tonal y resultado de lo que podríamos llamar desfiguración cadencial en una expectativa tonal unívoca.

4. **Durchführung.** Sección central del plan estructural de la Forma Sonata, traducido tradicionalmente en castellano como *desarrollo*. A pesar de su común aceptación, el término *desarrollo* no hace justicia a la particular connotación y riqueza significativa de *Durchführung*, literalmente, *conducción a través de*. En el texto alemán este término es utilizado tanto en su sentido delimitador de la parte intermedia de la Forma Sonata, como en el de su aplicación generalizada a procedimientos armónicos discursivos de carácter transitivo. En ambos casos se ha optado por el término usual de **desarrollo**, dejando al contexto la capacidad de definir la funcionalidad y sentido de las dos acepciones.

5. **Durchgänge.** La primera intención fue dejar como traducción más adecuada el término de *transiciones*, entendiendo que el autor, más que referirse al resultado individual del proceso del movimiento por grado de las voces —es decir, nuestra *nota de paso*, alude al proceso en sí mismo como hecho absoluto. En consecuencia, debería traducirse *Durchgänge* como *transiciones* y hablar de *nota de paso* sólo en el caso de *Durchganston*. Sin embargo, y en aras de una menor complicación para el lector —y teniendo en cuenta lo ya dicho—, *Durchgänge* aparecerá siempre traducido como **notas de paso**, aun a costa de sacrificar cierto rigor designativo.

6. **Durchgangs-Quartsextakkord.** Acorde de paso de cuarta y sexta.
7. **Durchgangsbewegung.** Movimiento de paso.
8. **Durchgangston.** Específicamente, **nota de paso.**
9. **Gegenklang.** En este caso nos hemos rendido ante la manejabilidad de **contraacorde** como traducción más apropiada del término alemán (rechazando otros también posibles como los de *acorde contrario* o *acorde opuesto*). Estos acordes, retomados por Diether de la Motte e introducidos por él en su libro, hacen referencia a

aquellos sonidos que, teniendo dos notas comunes con una función principal, tanto en el mayor como en el menor, no son los acordes representativos de la tonalidad vecina o relativa. En Do mayor, el acorde del VI grado sería, por supuesto, el relativo menor de la tónica (I), pero a su vez se establecería como *contraacorde* menor de la subdominante (IV). Por su parte, el III grado representaría al relativo menor de la dominante (V) y, al mismo tiempo, sería *contraacorde* menor de la tónica (I). El II grado no tendría, en esta relación, otro oficio que el de representar al relativo menor de la subdominante (IV). El VII grado carecería de función por su estructura de acorde disminuido. En la menor (en la escala natural), el acorde del III grado ocuparía su lugar como relativo mayor de la tónica (I), y el acorde del VI grado sería su *contraacorde* mayor. El VII grado es el relativo mayor de la dominante menor (V), figurando como su *contraacorde* mayor el III grado de la tonalidad. El VI grado es, como siempre, el representante del relativo mayor de la subdominante menor (IV). El II grado no se presta al juego de funciones por la misma razón que el VII del mayor.

10. **Gegenparallelklang.** Igual significado que *Gegenklang*. Traducido como *contraacordes relativos*.

11. **Klanguntererzung.** Este término está siempre traducido como **superposición inferior de terceras a un acorde.** Es un recurso útil a pesar de la longitud del enunciado y de su, por lo tanto, poca flexibilidad, condicionadora de cierta utilización mecánica a lo largo del texto. Se trataba de fusionar el concepto del autor, y su denominación, con nuestra terminología armónica. La traducción es, en cualquier caso, bastante fiel al original, excepto por el añadido de la palabra *superposición* que, si bien en principio puede confundir, queda enseguida aclarada por la especificación *inferior* (**unter**) o **superior (über).** Otras traducciones como *sub* o *superterciamiento*, o *sub* o *supertercerización*, fueron rechazadas por el poco sentido referencial que tienen para el lector en castellano.

12. **Querstand.** Literalmente, *posición transversal.* Es, de hecho, nuestra **falsa relación cromática,** y es así como ha quedado traducida. Obsérvese la «benignidad» del vocablo alemán frente al talante valorativo de la denominación castellana.

13. **Quintverwandschaft.** Correspondencia de quinta (v. *Terzverwandschaft*).

14. **Terzverwandschaft.** He aquí uno de los términos de más difícil traducción, a pesar de que su sentido directo —*relativos* o *relaciones de tercera*— no ofrecía, en principio, la más mínima duda. El

concepto aparece en el capítulo *Schubert-Beethoven*, junto a los *acordes relativos*, en los que se incluyen tanto los relativos propiamente dichos como los *contraacordes* de las tónicas mayor y menor (en Do mayor: VI grado = relativo menor; III grado = contraacorde menor; en la menor: III grado = relativo mayor; VI grado = contraacorde mayor). Los acordes a los que se refiere *Terzverwandschaft* son todos los relacionados por terceras, mayores y menores, con las tónicas mayor y menor, exceptuando los ya mencionados *acordes relativos* y *contraacordes*. Es decir, para Do mayor estos acordes serían: La mayor, La bemol mayor y menor, Mi bemol mayor y menor y Mi mayor. Entendiendo que los *relativos* propiamente dichos —y aquí también los *contraacordes*—, están igualmente en aquella relación, resultaría embarazoso y confuso para la lectura continuar hablando de estos acordes como *relativos de tercera*. Por ello, y en virtud de una mayor claridad semántica, hemos preferido la traducción de acordes **en correspondencia de tercera**. (En función de una simple coherencia, *Quintverwandschaft* ha sido traducido como *correspondencia de quinta*.)

15. **Trugschluß.** Literalmente, *cadencia de engaño*, ha sido traducido como **cadencia evitada**, en lugar de *cadencia rota*, otra posibilidad más usual, por otra parte, en algunos de nuestros manuales de armonía. En cualquier caso, el objetivo esperado en una cadencia no se rompe; sólo se desvía, interrumpe, suspende o evita. La voz alemana es ciertamente plástica, ya que alude a la captación empírica, es decir, auditiva, que se produce en el fenómeno de la percepción ante una expectativa no cumplida.

16. **Überterzung.** Superposición superior de terceras (v. *Klangunterterzung*).

17. **Unterterzung.** Superposición inferior de terceras (v. *Klangunterterzung*).

18. **Wechseldominante.** Traducido como **dominante de cambio**, es la dominante secundaria (alterada) sobre el II grado de la escala. Tiene el mismo significado que *dominante de la dominante*.

19. **Wechselnote.** Literalmente, *nota de cambio* o *cambiada*. Es la denominación alemana de **bordadura**, término que es utilizado en nuestra edición. No confundir con el término *nota cambiata*, aplicado a un modismo melódico propio, sobre todo, del contrapunto polifónico del siglo XVI.

20. **Wechselsubdominante.** Es decir, **subdominante de cambio**, término análogo a la *dominante de cambio*. Es la *subdominante de la subdominante*; VII grado rebajado de la tonalidad.

TABLA DE EQUIVALENCIAS

a) En el apartado *Notas extrañas a la armonía*

W. (de **Wechselnote**) → *bordadura*
D. (de **Durchgang**) → *nota de paso*
V. (de **Vorhalt**) → *retardo*
Vn. (de **Vorausnahme**) → *anticipación*
aN. (de **Abspringende Nebennote**) → *escapada*

b) Derivado del apartado *Acordes relativos*

P. (de **Parallelen Durklänge**) → *acordes relativos mayores*
p. (de **Parallelen Mollklänge**) → *acordes relativos menores*

por lo tanto:

Tp → relativo menor de una tónica mayor
Sp → relativo menor de una subdominante mayor
Dp → relativo menor de una dominante mayor
tP → relativo mayor de una tónica menor
sP → relativo mayor de una subdominante menor
dP → relativo mayor de una dominante menor

en los *contraacordes*:

G. (de *Gegenklang*) → contraacorde mayor
g. (de *Gegenklang*) → contraacorde menor

por ejemplo:

tG → contraacorde mayor de una tónica menor
Tg → contraacorde menor de una tónica mayor

c) En el apartado *La fuerza armónica (Hindemith)*:

R. (de **Ruheklang**) → *acorde de descanso*
K. (de **Klanggehalt**) → *acorde de significado*
S1. (de **Spannung ersten Grades**) → *tensión de primer grado*
S2. (de **Spannung zweiten Grades**) → *tensión de segundo grado*
W. (de **Klangaufweichung**) → *acorde de distensión*

Juan José Olives

PRÓLOGO

¿Qué nota se duplica en el acorde de sexta? Si consultamos diez libros de texto nos encontraremos con diez respuestas diferentes situadas entre los extremos opuestos representados por Bumcke («No se puede duplicar la tercera») y por Moser («[...] de modo que en el acorde de sexta estén más bien equiparadas las tres posibilidades existentes de duplicación»). ¿Y qué diremos de las *paralelas ocultas*? Según Bölsche, son malas entre las voces inferiores y entre las exteriores, y según Maler, lo son entre las voces inferiores y entre las dos voces superiores. Lemacher-Schroeder las prohíben sólo «cuando la voz superior salta, o bien cuando todas las voces siguen la misma dirección». Dachs-Söhner prohíben únicamente un caso especial de octavas ocultas. Riemann, por su parte, suprime por completo la prohibición de las paralelas ocultas.

Todos tienen razón. Sólo que cada uno de ellos ha extraído sus reglas y prohibiciones de una música diferente, y, generalizándolas, han erigido su sistema, sin comunicárselo al lector.

Partiendo de los tratados de armonía se ha enseñado una denominada *composición estricta* que, si bien jamás será composición propiamente dicha, ha servido excelentemente en los exámenes. Tres quintas paralelas = aprobado. Distler (a pesar de que también la enseña) siempre honrado, la ha llamado *armonía de composición*. Al hacerlo —por poner sólo un ejemplo— introduce el acorde de séptima y novena de dominante —que como tal sólo se utiliza en la composición desde tiempos de Schumann—, en una composición coral estricta a cuatro voces, cuyas reglas de conducción de voces se han tomado de la música prebachiana, sin aclarar al estudiante el hecho de cómo se ha gestado semejante mezcla estilística.

La armonía de composición no es ni ayuda ni «compañero de armas», sino un adversario de cualquier enseñanza viva de la historia de la música y descalifica a cualquier tipo de música que aún no es cadencial o que ha dejado de serlo. (¿Por qué todavía no ha protestado ningún historiador?) Así, los compositores, pese a desempeñar la tarea principal en la enseñanza de la composición, se han cavado a conciencia su propia tumba. Los exámenes de instrumento tienen lugar en el podio; los de armonía, en el campo de instrucción. El sargento grita: *Modulación de* _____ *a* _____ (¡tan rápido y bonito como sea posible!).

Con todo, resulta tan fascinante seguir el desarrollo y transformación del lenguaje musical durante los últimos cuatrocientos años —la gran época de la historia de la música—, que cuesta trabajo entender por qué la enseñanza de la armonía ha renunciado prácticamente a comunicar todo este atractivo por mor de una *composición estricta;* que, por motivos de comodidad en la enseñanza y en los exámenes, se ha entresacado de compositores tales como Hassler, Praetorius y Osiander, que no cuentan entre los más grandes de la historia de la música. El que en composición coral se incluyan acordes del romanticismo como herramienta en la vida de los futuros profesores de música, directores de orquesta, instrumentistas y cantantes de ópera, es algo que clama al cielo. Pero no, no hay quien clame. Sólo responde en silencio la desgana de los estudiantes ante las *materias obligatorias.*

Para acudir a los exámenes habituales no existe una preparación mejor que aprender la armonía sistemática vigente. Mi libro servirá muy poco para esa preparación, pero tratará de promover una enseñanza más centrada en el arte y una forma de hacer los exámenes más viva y más artística. «La modulación, sus tareas y sus técnicas en la evolución de la historia de la música», «las diferencias esenciales de la armonía hacia 1600 y en la época de Bach», «las técnicas de mixtura en Debussy», los «problemas especiales de la armonía en la ópera», «el camino de Liszt hacia la atonalidad», las «diferentes formas cadenciales en Händel y Mozart», los «acordes de cuatro notas en Wagner», «el papel estructural de la cadencia en Mozart», «la fuerza armónica en Hindemith», «la técnica de enlace de acordes de Schönberg»; estos y otros innumerables temas, en breves referencias con demostraciones al piano, favorecerán los exámenes después de un curso de formación basado en este libro. Es indudable que al adquirir conocimientos en torno a estos temas —y capacidad para impartirlos— saldrá ganando el trabajo profesional de los músicos, los profesores de música y los musicólogos.

Los grandes compositores se convierten por vez primera en este libro en los únicos maestros de música. No ha salido de mí ninguna regla ni ninguna prohibición; todas las indicaciones han sido extraídas de las composiciones, habiéndose comprobado su validez en numerosas obras. Para no meter en un mismo saco muchos siglos de evolución, este nuevo curso formativo se dividirá en capítulos independientes con un reglamento variado, según sea la evolución de la historia de la música. Ha dejado de existir *el* acorde de sexta *como tal.* En el capítulo 3 es un acorde diferente que en el capítulo 1, y la tríada mayor con una séptima menor no será en el Wagner tardío un acorde de tensión con carácter de dominante como lo era antes. En Schönberg las consonancias necesitan una legitimación especial para conducir las voces; en los capítulos anteriores la necesitaban las disonancias. Puede ser que esto confunda, y en cualquier caso no facilitará la enseñanza de la armonía, pero desde luego la aproxima al arte.

Los dos primeros capítulos son en sí cursos de composición aislados. El primero conduce a un gran arte, que hasta ahora, que yo sepa, no ha sido revelado en ninguna parte de la enseñanza de la composición: la homofonía en torno a 1600. Esta música, ya no contrapuntística, pero tampoco ligada aún a las tonalidades, era hasta ahora una apátrida entre las cátedras de las disciplinas teóricas. Empezar con este fascinante mundo sonoro es de gran efecto metodológico. La música bien temperada de Bach se nos revelará como una renuncia al acorde natural puro. El establecimiento y la resolución de la cadencia, libres de una ideología de lo «natural» y de lo «original» aparecerán como estadios de una evolución que, tanto antes como después, habrán permitido la existencia de una gran música homófona.

El segundo capítulo, el de más envergadura, es el que más se acerca a la antigua teoría de la armonía, si bien toma todas sus indicaciones de las obras de la época de Bach y no va más allá del vocabulario armónico de ésta. Los capítulos dedicados a un solo compositor (Schumann, Wagner, Liszt, Debussy...), modelos de diferentes puntos de vista, sirven de ejemplo a otros no incluidos aquí, pudiendo muy bien incitar a tratar de modo similar la armonía de Brahms, Bruckner, Mussorgski, etc. Es sobre todo en estas exposiciones individuales donde se patentiza el que los acordes y sus encadenamientos constituyen siempre, en el curso de la evolución de la historia de la música, un *material* que tiene poco de anónimo, convirtiéndose cada vez más en un objeto de la invención individual.

Los tratados de armonía existentes hasta ahora, empeñados en la compilación sistemática de todos los medios del sonido, se vieron a la fuerza casi imposibilitados de tener en cuenta ese aspecto. Armonía significaba armonizar, y esto equivalía a *emplear correctamente el material.* La errónea y extendida creencia de que las melodías se inventan y la composición, en cambio, *se hace,* si bien no fue alimentada de ese modo, por lo menos tampoco fue combatida suficientemente. En cambio, promover la comprensión del aspecto individual de la invención armónica y desarrollar la captación de ésta es, a mi modo de ver, una de las tareas más importantes de una enseñanza de la armonía con enfoque artístico.

Todos los ejercicios han sido tomados de obras de la época estudiada en cada caso o bien se han ceñido con precisión a su estilo. Así, la creación de los ejercicios cambiará de un capítulo a otro de acuerdo con el estilo personal o de época respectivo. Por lo tanto, no se despreciará en absoluto la composición a cuatro voces, y se enseñará completamente a fondo, pero encontrará su límite allí donde la haya abandonado la misma evolución compositiva. Estoy convencido de que esa simple variabilidad de los ejercicios se ha de traducir en un gran aumento del gusto por ellos por parte del estudiante; tendrá algo más de interés la solución de aquellos ejercicios que no hayan estado encadenados a lo largo de un semestre a la composición a cuatro voces. Ante todo, se dará rienda suelta al análisis, creándose de esa manera una relación directa con el estudio especializado del músico.

Las clasificaciones de las funciones corresponden, con tres excepciones, a las introducidas por Wilhelm Maler, hoy en día de aceptación general. Solamente ha habido que introducir como novedad Đ^V (en vez de $\text{Đ}_7^{9>}$ o de D^v), $^1\text{Đ}^V$ (en vez de $\text{Đ}_7^{9>}$ o de Đ^v) y Š_7 (en vez de Đ_7^9 o de VII^7), con el fin de no tener que seguir clasificando los acordes de la época de Bach y del período clásico como derivaciones de estructuras de acordes aparecidas mucho más tarde, así como para clasificar también con mayor precisión las combinaciones de funciones.

Mi atrevimiento no llegó más allá de Debussy. Quedo muy agradecido al doctor Wolfgang Rehm no sólo por su paciente y tenaz ayuda y por su asesoramiento en materia editorial, sino sobre todo por su insistencia en la continuación de este trabajo hasta bien entrado el siglo xx. Después de haberlo concluido creo que estaba en lo cierto, ya que el mundo sonoro de esta época apenas está delimitando aún el cuadro de su evolución. Agradezco a Jürgen Sommer su inteligente ayuda en materia de redacción.

En el número 3/1972 de la revista *Musica* publiqué, junto con mis antiguos alumnos Renate Birnstein y Clemens Kühn, «Plädoyer für eine Reform der Harmonielehre») (Informe para una reforma de la teoría de la armonía), que me ha proporcionado multitud de cartas alentadoras. El comienzo de sus actividades docentes, en Lübeck y Berlín, respectivamente, frustró mi plan de elaborar el libro entero bajo su crítica atenta y enriquecedora colaboración. Así, no trabajamos conjuntamente más que hasta los «relativos en menor», del capítulo 2, motivo suficiente para que esté cordialmente agradecido a la señora Birnstein y al señor Kühn, que hasta entonces me evitaron lo peor. Gracias también por las muchas sugerencias de colegas que han quedado incluidas en este trabajo. Todas ellas van muy por delante del material de enseñanza de los libros sistemáticos y siguen el camino que apunta hacia una enseñanza basada en el análisis. Es ahora, por fin, cuando le corresponde a este manual dar también ese paso.

El lector sacará mejor provecho de este libro si lee *Allgemeine Mu-*

siklehre (Teoría general de la música) de Hermann Grabner (Kassel, 11.ª ed., 1974). Como lectura de consulta recomiendo la *Melodielehre* de Lars Ulrich Abraham y Carl Dahlhaus (Colonia, 1972). La página 18 de esta «teoría de la música» habría podido constituir un buen prólogo y toda una justificación de mi libro.

Sólo aquellas personas que habrían preferido pagar un precio mayor por este libro tienen derecho a reprocharme el que en él aparezcan los ejemplos de mi puño y letra.

Diether DE LA MOTTE

Hamburgo, otoño de 1975

ÍNDICE

Presentación VII
Notas y aclaraciones a la traducción de algunos términos alemanes IX
Prólogo XV

Lasso-Palestrina-Lechner-Cavalieri (1600) 1

Bach-Händel-Vivaldi-Telemann (1700-1750) 21
   Correspondencia de quinta en modo mayor 21
   El acorde de sexta 30
   El acorde cuarta y sexta 36
   Disonancias características 40
   Notas extrañas a la armonía 52
   El modo menor 67
   La tríada aumentada, el acorde de sexta napolitana 79
   El retardo de novena y el acorde de séptima disminuida .. 83
   Acordes relativos 92
   Relativos en mayor 96
   Relativos en menor 101
   Progresiones de quinta descendente en mayor y menor; el
     acorde de séptima 104
   Ampliación del espacio cadencial 110
   $\overset{\circ}{\text{D}}$, $\overset{\circ}{\text{S}}$ y (D) en modo menor 118
   El acorde de séptima disminuida como dominante inter
     media 120
Conversión en menor del modo mayor 125

Haydn-Mozart-Beethoven (1770-1810) 127
   El papel estructural de la cadencia 132
   La $\overset{\circ}{\text{D}}^{7}$ 133
   La modulación 134
   Modulaciones al segundo tema 135
   La modulación en el desarrollo 140
   Acordes alterados 144
   La armonía en las introducciones lentas 150

Schubert-Beethoven (1800-1828) 155
   Correspondencia de tercera 155
   Correspondencia de sensibles 165
   Transformación cromática del acorde nota a nota 166

Schumann (1830-1850) 170
   Series de D^7 de libre función 173
   Superposición inferior de terceras a un acorde 176
   El acorde de séptima y novena de dominante 177
   ¿Un acorde de séptima y novena de dominante abreviado? 180
   La liberación de la tónica 185

La ópera (1600-1900) 190
   El trazo amplio 190
   Armonía de confirmación y de acción (el aria y la escena) 192
   La sensible descendente italiana 196
   Un peligro inminente 198
   La salvación 202
   El punto culminante 203
   La disposición tonal de la gran forma 208

Wagner (1857-1882) 212
   Cadencias en espacio atónico 212
   Puntuación interna del texto poético 214
   Cuatríadas de libre función con enlace de sensible 216
   El acorde de Tristán 225
   Expresividad de los retardos 229
   Un modelo de análisis 231

Liszt (1839-1885) 239
   «Il penseroso» 239
   La tonalidad como recuerdo 241
   El fin de la teoría de la armonía 244
   Dos caminos hacia la atonalidad 248

Debussy (1900-1918) 251
   El slendro y la escala de tonos enteros 251
   Texturas 254
   Mixturas 256
   La armonía y la estructura compositiva como unidad de invención 261

De Schönberg a la actualidad (desde 1914) 264
   La armonía atonal (Skriabin, Schönberg) 264
   El acorde y la estructura (Webern) 269
   La fuerza armónica (Hindemith) 272
   El acorde como tema (Messiaen) 278
   Discusión de acordes seleccionados 280

Explicación de los signos convencionales 287

LASSO-PALESTRINA-LECHNER-CAVALIERI (1600)

El *temperamento igual*, que divide la octava en doce partes iguales, no se impuso hasta la época de Bach. Desde entonces no existe, además del de octava, ningún intervalo puro, ni tampoco ningún intervalo no aprovechable. Todas las tríadas fueron exploradas en la composición, pudiéndose formar, desde entonces, escalas que prescindían de la pureza de los intervalos, antes objeto de todas las consideraciones.

Con doce quintas construidas sobre *Do* se alcanza la nota *Si sostenido*, que supera en una «coma pitagórica» la altura de la 7.ª octava de *Do:* así, no será posible un círculo acabado de quintas puras. Con cuatro quintas construidas sobre *Do* se alcanza un *Mi*, que supera en una «coma sintónica» la segunda octava de la tercera pura mayor *Mi* a partir de *Do:* las quintas puras y las terceras mayores puras se excluyen entre sí. Como quiera que la teoría musical medieval le había concedido prioridad a la quinta pura *(afinación pitagórica),* se hicieron esfuerzos en los siglos XVI-XVIII para lograr un compromiso entre las quintas y terceras lo más puras posible *(afinación en semitonos),* con lo que se compró la cuasitotal pureza de las tríadas contiguas a costa de una acusada impureza de las tríadas más alejadas, que por ese mismo motivo resultaban inaplicables.

Por diferentes que fuesen los cálculos respectivos, tuvieron siempre en común el que las *teclas negras* sólo se pudiesen afinar como *Do sostenido, Mi bemol, Fa sostenido, Sol sostenido* y *Si bemol*. Por lo tanto, eran inaplicables el *Re bemol,* el *Re sostenido,* el *Sol bemol,* el *La bemol* y el *La sostenido*: la nota *Do sostenido* que tan bien sonaba en *La-Do sostenido-Mi,* utilizada en cambio como *Re bemol,* por ejemplo en *Re bemol-Fa-La bemol,* habría producido un sonido impuro y desagradable, y así sucesivamente.

Un caso extraordinario como el del sorprendente cromatismo de un Gesualdo, quedó limitado a la música exclusivamente vocal, mientras que en toda la música instrumental o que tuviese que contar con la colaboración de instrumentos, las disponibilidades de notas se limitaban a:

quedando excluidas:

Esto se puede comprobar aun hoy día en las afinaciones de los órganos antiguos. El proceso cadencial de la época de Bach, basado en el temperamento igual, punto de partida de todas las teorías de la armonía existentes a partir de entonces y elogiado como *la naturaleza misma* —irrefutable por su naturaleza—, constituye, por lo tanto, el extremo opuesto, un retroceso de la naturaleza a favor de una ampliación del material tonal, que dejó a disposición del pensamiento constructivo un espacio ilimitado para el desenvolvimiento de la fantasía modulatoria.

Antes y alrededor de 1600 hallamos la nueva homofonía de la ópera, que apunta ya un pensamiento en forma de notas funcionalmente relacionadas entre sí. Actúa por otra parte, todavía, la antigua concepción lineal de las modalidades *eclesiásticas* y llega a su término una época floreciente de composición contrapuntística: son lenguajes que siguen leyes diferentes en una misma época. Pero, si estudiamos piezas o secciones de grandes obras homofónicas de ese tiempo, apreciaremos una aplicación sumamente uniforme de un material acórdico limitado: una especie de tonalidad, si entendemos como tal un sistema de relaciones de un número limitado de notas y sonidos, que se presta como punto de partida para la enseñanza de la composición, ofreciéndonos la posibilidad del encuentro con una música de alto nivel que, por desgracia, sufre un gran menosprecio en la vida musical.

Debido precisamente a que ese lenguaje musical es casi desconocido, tiene la máxima importancia, antes de efectuar trabajos de composición propios, tocar con frecuencia esos ejemplos que siguen, seleccionados por su calidad típica, con objeto de que aprendamos a pensar desde el oído en ese lenguaje. Sacaremos del análisis de esos trozos tanto las reglas de composición como los ejercicios correspondientes.

Palestrina, *Stabat Mater*, cinco fragmentos:

Tríadas:
Si bemol, Fa, Do, Sol, Re, La, Mi
sol re la mi

Acordes de sexta:

Jacob Gallus, motete *Ecce quo modo moritur* (1587):

justus, et erit in pa-ce memo-ri-a e - jus.

Acordes: Mi bemol, Si bemol, Fa,   Acorde
          Do, Sol, Re, La   de sexta:
          do sol re la

Leonhard Lechner, *Deutsche Sprüche von Leben und Tod* (Refranes alemanes sobre la vida y la muerte, 1606)

Wenn sich er-schwinget das Glück, dir gelinget, thu nit drauf

bauen, ihm z'viel ver-trau - - - - - en.

Acordes: Si bemol Fa   Sol Re La
         do sol re

Emilio de'Cavalieri, de *La rappresentazione* (1600)

O gran stupore! O gra-ve er-ro-re! C'huomo morta-le d'un tan-
O welch Erschrecken, o schwerer Irrtum, daß sich die Menschen um solch

Acordes: Fa Do Sol Re La Mi
          sol re la

Acordes de sexta:

Orlando di Lasso, *Sibylla Erythraea* (¿1550?; impresa en 1600)

Acordes:
Mi bemol Si bemol
Fa Do Sol Re La Mi
do sol re la

Acordes relacionados por la constatación de la frecuencia de su aparición:

En el orden del círculo de quintas:

Mi bemol	Si bemol	Fa	Do	Sol	Re		La	mi
do	sol		re	la	mi	(si)		

Representación en la serie de grados:

Do do   Re   re   Mi   Mi   mi   Fa   Sol   sol   La   la   Si   si
              bemol   bemol

El análisis de numerosos fragmentos de Byrd, Titelouze, Sweelinck, Carissimi, Anerio, Capello, Peri, Hassler, Demantius y otros muchos ha permitido comprobar esa selección de acordes; el si menor aparece como el menos frecuente entre los acordes expuestos.

Las *tríadas mayores* duplican siempre la nota fundamental. Están casi siempre completas. Sólo en el caso de Lechner falta la quinta en el acorde final. (Era costumbre, en ese caso, triplicar la fundamental.) La tercera, omitida todavía con frecuencia hacia 1550 en los acordes finales, se convirtió hacia 1600 en un componente indispensable de ellos. Las *tríadas menores* duplican en la mayoría de los casos la nota fundamental. Una duplicación ocasional de las terceras se ve legitimada en el aspecto melódico en virtud del movimiento contrario. Vemos, por ejemplo, en Lechner:

La música coral cuenta hoy en día con la siguiente *extensión de las voces:*

Pero esa extensión no aparece aún totalmente explotada hacia 1600. De los ejemplos expuestos se puede deducir, como regla válida para esa época, que la extensión de las voces rara vez llega más allá de una novena (en el bajo, octava y cuarta), pero su registro era susceptible de distintas opciones.

En la separación de las voces se permite alcanzar una octava entre el soprano y el contralto y entre el contralto y el tenor (separaciones mayores sólo en acordes individuales si se produce un equilibrio inmediato); entre el tenor y el bajo no hay limitación alguna. (Véase Lechner y Lasso: octava y quinta.)

Ejercicio. Elegir y clasificar extensiones de voces. Escribir en el registro de voz elegido el mayor número posible de acordes individuales (¡no combinaciones de acordes!), con el fin de aprender a reconocer todas las posibilidades: acordes agudos y graves; notas muy contiguas y muy separadas entre sí. Elegir otros registros de voces y experimentar exhaustivamente sus posibilidades.

Acordes de buena sonoridad en los registros vocales de Gallus:

Hacia 1600 ya no eran permitidos, o casi nunca, ¿por qué?

El *cruzamiento de voces*, debido a la conducción de éstas, se produce muchas veces entre el soprano y el contralto o bien entre el contralto y el tenor. En el primer compás de Lechner se evita el ascenso simultáneo de todas las voces mediante un comienzo más agudo del contralto. En el quinto compás empezando por detrás en el ejemplo de Lasso, la voz de tenor es alta, de manera que en el compás siguiente sólo saltan hacia arriba el soprano y el contralto.

Enlace de acordes.   Estos ejemplos nos indican que es rara una progresión de todas las voces en dirección descendente, (1) Lechner. Más llamativa aún, y por lo mismo más rara, es la conducción ascendente de todas ellas. En Cavalieri (2) se ve paliada por el movimiento de segunda de las tres voces. Está permitido, en cambio, el salto de todas ellas en una misma dirección si no cambia la armonía, (3) Cavalieri.

Aparte de la repetición de acordes, que aparece a menudo, constituye la norma el que de las tres posibilidades (voces ascendentes, descendentes y comunes) se utilicen por lo menos a la vez dos: Cavalieri:

Observemos el continuo cambio y aprendamos a apreciarlo como un arte muy especial de la técnica compositiva. El que las voces permaneciesen acopladas entre sí durante demasiado tiempo, reduciría su anhelada independencia en la composición homófona de aquella época. Por lo tanto, estaría mal un proceso que cursase propiamente sólo en dos direcciones (acordes ascendentes contra un bajo descendente):

Con razón cualquier teoría compositiva exige la permanencia de notas comunes en una misma voz, regla esta que conservó su validez hasta mucho después de la época que tratamos. Cavalieri:

Valen como excepciones los ya mencionados saltos dentro de una armonía no cambiante, así como los saltos en las cesuras (véase Gallus, en la primera pausa). Sin embargo, debería concederse al mismo tiempo también la licencia requerida para una desviación consciente de esta regla: porque de otra manera, una composición no podría moverse de una posición dada. En consecuencia, y ateniéndonos estrictamente a la regla, el caso de Lasso debería discurrir a partir del compás 5 de esta manera:

El soprano se quedaría aferrado en su posición de *Sol-Sol sostenido-La*. La voluntad melódica puede permitirse la infracción de la regla de las notas comunes permanentes.

Línea. La regla contrapuntística valedera durante siglos de que, exceptuando la siempre inobjetable octava, sólo se permiten saltos hasta la sexta menor (o sea, que están prohibidas la sexta mayor y todas las séptimas), sigue teniendo un peso determinante todavía dentro de lo que casi podríamos denominar *polifonía homofónica* hacia el año 1600. Hallamos una sexta menor en la conclusión del ejemplo de Lasso, octavas en el soprano de Lechner y en el bajo (donde alcanzan su máxima frecuencia) de Cavalieri y Lasso. En general, los saltos más grandes se hallan sobre todo en el bajo, siendo de todas maneras cosa rara hallar dos intervalos de cierta magnitud en una misma dirección, como ocurre cerca del final del ejemplo de Lechner:

Lo usual consiste más bien en rodear los grandes saltos con un movimiento en sentido opuesto. En el contralto de Lechner:

Siendo el soprano la voz más llamativa, dominan en ella los movimientos de segunda y tercera. Se trata de evitar todos los intervalos aumentados y disminuidos con excepción de la primera aumentada, es decir, la alteración cromática del mismo grado. Este fortísimo medio de expresión —compuesto absolutamente como tal y como tal oído también hacia 1600, preservándolo los compositores del desgaste por un uso exagerado— aparece empleado con parquedad en Lasso: *Do-Do sostenido* al principio en el soprano, *Fa-Fa sostenido* hacia el final en el contralto. En otras obras de esa época se hallan también *Si-Si bemol, Sol-Sol sostenido, Mi-Mi bemol* y otros más.

La alteración cromática de un grado en otra voz recibe el nombre de *falsa relación cromática*. He aquí dos ejemplos de Heinrich Schütz (*Es ist erschienen*, 1648):

a) en otra octava:

b) en la misma posición, aunque suavizada por una pausa:

Observemos que las falsas relaciones cromáticas sólo aparecen dos veces en nuestros ejemplos, y están suavizadas en ambos casos. En Gallus (contralto *Do sostenido*, tenor *Do*) por la primera pausa, en Lasso (conclusión: tenor *Si*, contralto *Si bemol*) mediante un movimiento de las negras, que impiden el choque directo. Se deberán emplear con la economía correspondiente, dando preferencia, en ese caso, a las formas suavizadas.

Prohibición de movimientos paralelos. Cualquier técnica compositiva prohíbe la conducción paralela de dos voces a intervalo de octava o quinta, y con razón, pues no tendría sentido querer constituir como base de una enseñanza aquellas poquísimas conducciones paralelas que dejaron pasar los grandes compositores.

Son usuales dos argumentaciones de esa prohibición:

1) Debido especialmente a proporciones oscilatorias simples, se funden casi completamente las notas situadas a distancia de una octava (1:2), y en su mayor parte las situadas a distancia de quinta (2:3). Una conducción paralela en esa distancia de fusión hace peligrar la independencia de las voces o incluso la suprime.

2) Los movimientos paralelos de octava y quinta suenan mal.

Estas dos argumentaciones son objetables.

Con respecto a la primera: ¿Por qué no se advierte entonces también en contra de las cuartas paralelas (3:4)?

Y a la segunda: ¿Por qué suena mal de buenas a primeras algo que para los compositores medievales era lo único que sonaba bien? En un Conductus del siglo XIII tenemos lo siguiente:

* Cierto es que en términos generales se permiten y emplean este tipo de movimientos paralelos sobre pausas o cesuras.

Todas las argumentaciones de la prohibición de conducciones paralelas son objetables. En vez de un nuevo experimento, haremos la consideración siguiente: en la nueva música de Hindemith y Stravinsky ha desempeñado un papel esencial la tríada mayor, un material sonoro que durante quinientos años, de Dufay hasta Reger, había estado a disposición de los estilos más diferentes. En cambio, la nueva música dejó en blanco los acordes de séptima de dominante y séptima disminuida: tienen una historia más breve y en 1925 habrían despertado innegablemente asociaciones con la *Dominante*, con la armonía funcional y con la música clásico-romántica. Esa *prohibición de*, que hace su aparición unida a una nueva voluntad de expresión, se vuelve con máximo rigor contra las técnicas y los materiales que habían desempeñado antes el papel decisivo. En la prohibición de los movimientos paralelos del siglo XIV se manifiestan el menosprecio y la repulsa hacia un pasado musical que se consideró entonces como primitivo. Ese menosprecio ha mantenido su vigencia: los movimientos paralelos no son artísticos.

También los movimientos *paralelos ocultos* (dos voces van en la misma dirección a una octava o una quinta a partir de un intervalo diferente) están prohibidos, total o parcialmente, en la enseñanza de la denominada *composición estricta*, la remota producción artística de una teoría como fin en sí misma. Nuestros ejemplos indican que, en contra de la doctrina vigente en muchos libros, los movimientos paralelos de quintas y octavas ocultas entre las voces graves y agudas, medias y exteriores han sido empleados con uniforme frecuencia en la composición de obras maestras y, por lo mismo, son buenas. Los más frecuentes: un movimiento de segunda y un salto (1). Con menor frecuencia: ambas voces descienden por salto (2). Aún con menos frecuencia: ambas voces saltan ascendentemente (3). Cuando participa la voz aguda: en la mayoría de los casos ocupa el intervalo más pequeño (4), rara vez ocupa el más grande (5). Los unísonos ocultos: son frecuentes entre el tenor y el bajo (6), y raros entre el soprano y el contralto (7).

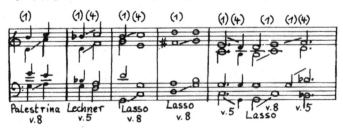

Ejercicio. Elegir un acorde (por ejemplo, Do mayor), escribirlo en diferentes posiciones y hallar el mayor número posible de progresiones que correspondan a todas las reglas dadas.

Ejercicio. Inventar libremente a partir de un acorde elegido progresiones en las que se mantenga en cada caso por lo menos una voz; señalar las notas comunes, por ejemplo:

Ejercicio. Inventar progresiones de acordes sin notas comunes (sus posibilidades son limitadas). Por ejemplo:

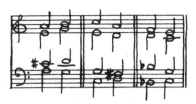

Ejercicio. Completar el contralto y el tenor.

En las fórmulas conclusivas que, definidas originalmente como hechos melódicos (cláusula), son consideradas en el caso de Zarlino (1558) como un hecho polivocal primario (cadencia = caída conclusiva), se desarrollaron enseguida giros que denominamos hoy *retardos*. Ya en 1450 vemos en Binchois:

El Do consonante introducido (1) permanece inmóvil, convirtiéndose en un retardo disonante de cuarta (2). Se resuelve por un movimiento melódico descendente en la tercera (3).

Presentar aquí todas las fórmulas conclusivas empleadas y su historia hacia 1600 nos exigiría una teoría contrapuntística completa. Estudiaremos, sin embargo, el retardo de cuarta por ser la fórmula conclusiva más frecuentemente empleada. Todos nuestros ejemplos lo contienen, presentando las posibilidades más importantes:

La nota disonante tiene que ser introducida antes como consonancia, pudiendo estar después ligada (1) o ser repetida (2). La nota de resolución es entonces la tercera *retardada* del nuevo acorde. Esta nota no puede sonar en otra voz en el momento del retardo (3). La disonancia de retardo se halla en un tiempo más fuerte que la resolución. En ocasiones la nota de resolución se ve adornada además con una *bordadura* (hablaremos más de esto en el capítulo próximo) (4). Por lo regular, sigue a continuación el acorde final (*dominante → tónica* en definición más tardía), situado una quinta más abajo (o una cuarta más arriba). Y surge así durante un momento un centro tonal que, sin embargo, no es todavía obligatorio para una pieza entera. Gallus, por ejemplo, hace cadencia en Re mayor y poco después en Fa mayor. Incluso son con frecuencia diferentes el acorde inicial y el final en la música de esa época: el *Stabat Mater* de Palestrina empieza en La mayor y termina en Re mayor, la *Sibylla* de Lasso empieza en Fa mayor y termina en Do mayor, etcétera.

A la vista de unas series de acordes de tal manera divagantes, las cadencias retardadas adquieren tanta más importancia al dar lugar a la construcción ocasional, aunque desde luego efímera, de puntos tonales terminales y de descanso.

Ejercicio. Desarrollar las cadencias presentadas e inventar algunas.

(Estúdiese también la formación de retardos libres en Cavalieri: la consonancia de tercera del soprano cambia primero a la *cuarta de retardo*. En Lechner ese mismo proceso en el contralto se ve interrumpido, además, por una consonancia tomada por salto.)

También la composición coral a cuatro voces de esa época emplea la totalidad del espectro de acordes disponible. He aquí, como ejemplo, una composición de Osiandro de 1586 que utiliza once tríadas mayores y menores. El que no aparezca ningún acorde de sexta constituye la excepción, no la regla. Las conclusiones de los versículos están en Fa mayor, La mayor y Re mayor, así como en re menor y la menor.

Tríadas:
Si bemol Fa Do Sol
     Re La Mi
sol re la mi

En cualquiera de los ejercicios siguientes están señaladas las tríadas mayores y menores que fueron empleadas en el original, lo que no significa, en modo alguno, que haya que atenerse a ellas en la solución de los ejercicios respectivos. Son posibles muchas otras soluciones, que corresponden asimismo al lenguaje de la época.

Lasso (*Sibylla Samia,* 1600)

Mi bemol Si bemol Fa Do Sol Re La Mi
do sol re

Lasso *(Sibylla Cumana)*

Si bemol Fa Do Sol Re La
do re

Mi bemol Si bemol Fa Do Sol Re
do

Palestrina *(Stabat Mater)*

Gabrieli (1615)

La teoría musical nos enseña como primera inversión de una tríada el *acorde de sexta*, en el cual la tercera del acorde es la nota del bajo, al tiempo que las voces superiores duplican por lo regular la nota fundamental de la tríada:

Llegados a este punto, nos corresponde cambiar de orientación el pensamiento *y el oído*, si queremos entender la música del 1600, construida sobre el fundamento de las terceras, quintas o sextas de las notas del bajo. A diferencia de la tríada inequívoca en la que nuestros ejemplos duplican sin excepción la nota fundamental, las notas del acorde de sexta aparecen de tal modo equiparadas que cada una de ellas es susceptible de duplicación:

Cavalieri   Gallus   Palestrina

a) duplicación de la nota del bajo   (tercera de la tríada)

b) duplicación de la tercera de la nota del bajo   (quinta de la tríada)

c) duplicación de la sexta de la nota del bajo   (nota fundamental de la tríada)

En la preferencia de los movimientos de segunda en el bajo tras los acordes de sexta, se revela el esfuerzo por dar una buena legitimación melódica a este acorde «extraño» (Werckmeister), que, por lo demás, se halla con preferencia, aunque no exclusivamente, sobre tiempo débil.

Pero no es nuestro deseo exagerar la inequivocidad de la concepción armónica de esta época, ni pasar por alto la paulatina modificación propia de la historia de la música. Vemos, pues, que el ejemplo siguiente, de Joachim a Burgk (1494), contiene al parecer tanto acordes de sexta *antiguos* como *nuevos*:

1) Este acorde de sexta puede concebirse como una inversión del acorde precedente en Mi mayor.

2) Estos dos acordes de sexta están erigidos sin duda sobre la nota del bajo como base sustentadora del acorde.

Ejercicio. Construir las series de acordes siguientes; el segundo acorde deberá ser siempre un acorde de sexta. Inventar unas series breves de acordes semejantes. (Un ejercicio de mayor envergadura, con empleo de acordes de sexta comprimidos, no tendría sentido, puesto que semejante acumulación no correspondería al estilo de aquella época. Sin embargo, se pueden incorporar acordes de sexta sueltos a composiciones ya elaboradas.)

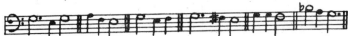

BACH-HÄNDEL-VIVALDI-TELEMANN (1700-1750)

Correspondencia de quinta en modo mayor

En la afinación temperada, que se impuso en la época de Bach, no había en absoluto acordes puros, ni tampoco acordes que, por sonar mal, impusieran a las composiciones una fijación previa de los acordes susceptibles de empleo. Se había establecido la *tonalidad mayor y menor,* se podía modular sin límites y emplear todas las tríadas, pero a partir de entonces, y hasta fines del siglo XIX, todo hizo referencia a una nota tónica (Rameau: *Tonique*).

Por medio de las *cláusulas conclusivas* mencionadas en el capítulo anterior, una tradición centenaria (vimos un ejemplo de Binchois de 1450) hizo que las conclusiones con descenso de quinta en la voz del bajo se convirtiesen en algo sobrentendido, llegándose por último a creer que lo que había sido de uso corriente tantas y tantas veces era lo realmente natural, hasta llegar incluso a interpretar ese aspecto como una voluntad propia inherente a las notas. Debemos alejar de nosotros esa idea. ¿Querrían algo diferente las notas en el *Sederunt* de Perotin, en el *Pelleas* de Debussy, en la música sin salto descendente de quinta? En cualquier caso, el que lo quiere es el compositor, y si no él, la tradición en la que se encuentra; cualquier gran arte es capaz de conferirle a su artificio la apariencia de lo natural y todo lo hermoso nos da la impresión de estar «ultimado desde la eternidad» (Schiller).

Dos acordes *en correspondencia de quinta* (situados a distancia de quinta) no son suficientes para establecer inequívocamente una tonalidad. El siguiente pasaje del *Te Deum* de Charpentier (1634-1704) podría estar tanto en La mayor como en Re mayor. Naturalmente, hay que suponer como *Si* y no como *Si bemol* una de las notas que no aparecen, pero queda pendiente si es el *Sol* o el *Sol sostenido* el que pertenece a la tonalidad.

El primero y el quinto grado necesitan un tercer acorde en el que estén contenidas las dos notas restantes de la escala. Se brindan a este fin tanto el acorde de cuarto como el de segundo grado.

Ambos contienen las notas 4 y 6 de la escala, la cual de ese modo está enteramente contenida tanto en la serie de acordes 1-2-5-1 como en la de 1-4-5-1. Ambas series poseen dos quintas descendentes (⌐⌐) y las dos tienen una parte débil, o sea, una sucesión de acordes sin vínculo, sin notas comunes (┊).

La cadencia más frecuente en la literatura del período clásico va a ser, pues, asimismo un compromiso entre ambas soluciones (véase S^6 y S_5^6).

1 = T (Tónica)
4 = S (Subdominante)
5 = D (Dominante)

Las denominaciones de *tónica, subdominante* y *dominante* se remontan a Rameau, en cuyo sistema tienen aún, ciertamente, otro sentido. Cada acorde de séptima en un encadenamiento por movimiento descendente de quinta constituía para Rameau una *dominante*. Así también, en Do mayor *Re-Fa-La-Do,* o bien *La-Do-Mi-Sol,* y sólo por la adición de una sexta mayor *(sixte ajoutée)* se convertían en acordes de *subdominante;* de ese modo en Do mayor *Do-Mi-Sol-La* podía ser también subdominante.

Muchísimo antes que en la música eclesiástica, se desarrolló en el campo secular una armonía cadencial. Los ejemplos siguientes, de Attaignant (hacia 1530), están ya inventados prácticamente a partir de tres acordes determinantes de la tonalidad:

Gallarda

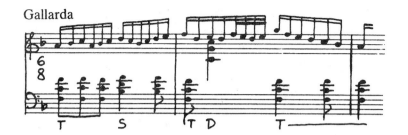

Pavana

En el conjunto de la música entre 1700 y 1850, desempeñan esos tres acordes un papel de tal modo decisivo que desde Riemann se habla de tres funciones fundamentales, interpretándose todos los demás acordes como sus representantes. Todos los acordes funcionan como centro tonal (T), como tensión existente hacia ese centro (D) o como alejamiento distendido respecto de él (S).

Wilhelm Maler identificó el contenido armónico de la S como lo característico. Búsquese la S en el coral de Bach.

Los ejemplos de Charpentier y Händel son típicos, mientras que el fragmento del coral de Bach constituye más bien una excepción. Por lo general, la situación armónica es más complicada en Bach, y en los pasajes escuetamente cadenciales se aprecia la tendencia a refinar los aspectos lapidarios a base de procesos lineales:

Pero hay también procesos cadenciales que subyacen a desarrollos armónicos de la época aparentemente complicados. El siguiente coral de Bach, que emplea un total de ocho acordes —los de Do, Re, Mi, Fa, Sol y Si mayores y los menores de mi y la—, está trabajado en base a cadencias sencillas que se refieren a diferentes tonalidades intermedias.

Prescindiendo de las notas añadidas (S_5^6) y de los retardos (D_{43}^{65}), la serie T S D T, que constituye el punto de partida de la mayoría de las teorías de armonía, aparece en la música con mucho menos frecuencia que las formas cadenciales siguientes, las cuales se utilizan en todas las tonalidades. La sensible *(tercera de la dominante)* conduce a la tónica; las notas iguales permanecen en una misma voz.

Al hacer todos los exámenes tanto escritos como prácticos, se ha de empezar por duplicar la nota fundamental del acorde. Debido a la irregular conducción de la voz de soprano, con frecuencia la sensible, situada en las voces intermedias, desciende, con objeto de proporcionar un acorde resultante completo.

Presentamos ahora tres fragmentos de corales de Bach y ponemos entre paréntesis, dentro de ellos, una progresión de conformidad con la norma de conducción de las voces. En (1) y en (3) nos daría una sonoridad posible sin quinta, y en (2), una sonoridad imposible sin tercera.

La cosa va más lejos en el caso de la licencia mencionada en el primer capítulo: la voluntad melódica puede chocar contra la regla de la permanencia de las notas comunes. En los saltos de varias voces procede, como mejor posibilidad, el movimiento contrario. No son permisibles los grandes movimientos por salto de todas las voces.

En cuanto a las octavas y quintas paralelas, vale lo que hemos dicho en el primer capítulo.

Como la S en posición fundamental en la época de Bach nunca sigue a la D, sólo se dan en principio las progresiones siguientes:

Ejercicio. Toque y realice las figuras rítmicas dadas y otras de invención propia. Ponga ritmo a versículos de salmos, fijando uno o varios procesos funcionales y realizarlos para coro. Al hacerlo, piense menos en Bach que en Händel, pues en éste aparecen con más frecuencia series de acordes de ese tipo, por ejemplo:

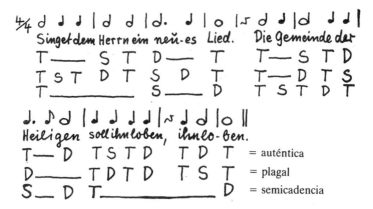

Otros versículos de salmos: «Lobet in Himmel den Herrn; lobet ihn in der Höhe. Lobet ihn, Sonne und Mond; lobet ihn, alle leuchtenden Sterne. Sie sollen loben seinen Namen in Reigen; mit Pauken und Harfen sollen sie ihm spielen».

En las cesuras o en el caso de varios acordes con la misma función, se cambia con frecuencia su posición, por ejemplo:

La fantasía rítmica puede rastrear un medio importante de encadenamiento sonoro: el olvidar las notas comunes.

Compruebe, en este sentido, el ejemplo de *El Mesías* de Händel que aparece al principio de este capítulo.

Ejercicio. Clasifique las funciones de la voz de bajo dada e invente el máximo posible de melodías compuestas exclusivamente por las notas de las tríadas de las funciones respectivas. Póngales texto. Cante y toque las funciones correspondientes, manteniéndose siempre en la misma posición cadencial. Modelo: un aria barroca con cémbalo.

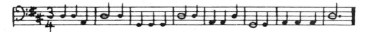

No pueden aparecer movimientos paralelos prohibidos entre la voz y el bajo. Al inventar la voz cantante no es necesario prestar la menor atención a las progresiones de las notas de la mano derecha del piano.

He aquí, como ejemplo, los primeros compases de dos de las soluciones posibles:

Aprenda a pensar en funciones; aprender a oír las funciones es lo más importante. Trate de clasificar funcionalmente los siguientes fragmentos. No limitándose por supuesto en la composición original a unos simples acordes fundamentales, tendrán entonces que ser inventados a partir del proceso cadencial. En varios puntos se presentan diferentes soluciones.

Cante la melodía y toque al piano las funciones respectivas:

Telemann, *Minueto*

Telemann, *Bergerie*

Charpentier, *Te Deum*

Händel, *El Mesías*, «Er war verachtet»

x = no hay que armonizarla.

(x) = no es necesario, pero se puede armonizar.

EL ACORDE DE SEXTA

Hacia 1600 (v. cap. 1) se erigían sobre un bajo la tercera y la quinta o la tercera y la sexta. En los acordes de sexta que surgían de ese modo se podía duplicar cualquier nota, mientras que en las tríadas directas se duplicaba casi sin excepción la fundamental. Sólo en el clasicismo vienés se llegan a entender los acordes de sexta de modo inconfundible como inversiones de tríadas en estado fundamental. Su bajo es entonces la tercera del acorde directo; nota contraria a la duplicación, expuesta y delicada del acorde de sexta clásico, la que lo convierte en gracioso, tierno, menos robusto y menos estable, sacando a primer plano su «contenido sonoro» (Wilhelm Maler).

La época de Bach constituye una situación de transición. Utiliza los acordes de sexta la mayoría de las veces, dándoles el sentido de inversiones, siendo legítimo atribuirles la misma significación funcional que a sus acordes fundamentales. También entonces se encuentra ocasionalmente, como sonido culminante, esa luminosidad y sensibilidad típica del acorde de sexta clásico. Pero respecto a las duplicaciones, sigue estando en vigor lo que regía alrededor del año 1600.

Duplicaciones:

der starke Gott, und ewig gleich dem Vater

La norma general de la duplicación en los acordes de sexta de la nota en función de fundamental tendrá una validez reducida en el clasicismo y no podrá ser referida a la época de Bach. Las duplicaciones de notas de las tríadas que aparecen en los ejemplos (indicadas con 1, 3 y 5) patentizan la preferencia por la duplicación de la nota fundamental, mientras que la tercera y la quinta en los acordes de sexta (indicadas con ③, ⑤) no aparecen duplicadas con menor frecuencia que la fundamental (①). Apoyamos documentalmente esta regla compositiva nuestra que se desvía de las teorías usuales, mediante una enumeración de diferentes composiciones.

| | Duplicación de notas en | | | | | |
| | Tríadas mayores: | | | Acordes de sexta mayores: | | |
	1	3	5	1	3	5
Ocho fragmentos corales de Bach	153	7	5	21	32	20
Cinco pasajes de *El Mesías* de Händel	122	21	3	24	7	29
Cuatro pasajes del *Te Deum* de Charpentier	112	8	6	13	11	8
Totales:	387	36	14	58	50	57

El que la música eclesiástica de Haydn tuviese todavía una orientación histórica bastante acusada, mientras que en su obra instrumental se perfilara con más claridad una nueva técnica compositiva, se ve patentizado en las enumeraciones siguientes. Los resultados de la *Harmoniemesse* corresponden aún a la situación de la época de Bach, mientras que los cuartetos corresponden finalmente a las reglas del acorde de sexta tal como se enseñan en las teorías de la armonía existentes hasta ahora.

Tres pasajes de la *Harmonie-messe* de Haydn	80	25	6	25	14	21
Pasajes de cuatro cuartetos de cuerda de Haydn	93	5!	10!	28!	5!	4!

La estadística nos pone de manifiesto otro error más de la teoría enseñada hasta ahora. En las tríadas de los ejemplos tomados de la época de Bach y de la *Harmoniemesse* de Haydn se duplicó la tercera 36 + 25 = 61 veces, mientras que la quinta sólo lo hizo 14 + 6 = 20 veces. La conocida regla de que en la época de Bach las tríadas mayores pueden duplicar preferentemente la fundamental, y en su caso también la quinta, y la tercera sólo en casos de excepción, es, como vemos, absolutamente falsa. Es acertada únicamente para la música instrumental clásica (y se deriva a todas luces de ella), como nos lo demuestra la situación en los cuartetos de Haydn (cinco veces duplicación de la tercera, diez veces duplicación de la quinta).

Ejercicio. Toque en diferentes tríadas mayores el cambio al acorde de sexta y experimente entonces las tres posibilidades de duplicación.

Como muestran los ejemplos de la literatura, los acordes de sexta pueden aparecer acentuados en parte fuerte y no acentuados en parte débil. Toque en diferentes tonalidades:

$T_1 \ T_3 \mid S_1 \ S_3 \mid D_1 \ D_3 \mid T \mid S_3 \ S_1 \mid T_3 \ T_1 \mid D_3 \ D_1 \mid T \parallel$

La regla dada al comienzo de este capítulo, de que la T tiene que seguir a la D, carece de validez al emplear los acordes de sexta. La sucesión D S_3 o D_3 S_3 no es, desde luego, algo inhabitual en la época de Bach.

Tenemos aquí dos pasajes tomados de corales de Bach:

A la vista de estos pasajes, hay que formular también con más precisión de la habitual la prohibición de la duplicación de la sensible: cuando una dominante se dirige a la tónica, no se duplica nunca la sensible. (En el segundo pasaje coral hallamos una duplicación de la sensible en la dominante que conduce a la S_3.)

Los acordes de sexta se alcanzan por grado o por salto del bajo, bien sea a partir de la misma función o de otra distinta. En el proceso predomina el movimiento de segunda del bajo, comprensiblemente como un tratamiento cuidadoso de tal sensible sonoridad, a la que falta la estabilidad de la tríada, o bien como paso intermedio hacia la posición fundamental de la misma función.

Toque y realice en diferentes tonalidades:

$$T \; D_3 \; | \; T \; | \; T_3 \; S \; | \; D \; | \; D_3 \; T \; | \; S_3 \; D \; | \; T_3 \; D \; | \; T \; | \; S \; T_3 \; | \; S \; | \; T \; \|$$

(————— = movimiento de segunda en el bajo después del acorde de sexta.)

Con frecuencia, los acordes de sexta se suceden. En este caso no tienen importancia los saltos del bajo. Toque y realice:

$$T \; T_3 \; | \; S_3 \; S \; | \; T_3 \; D_3 \; | \; T \; | \; S_3 \; T_3 \; | \; S \; T \; | \; S_3 \; D_3 \; | \; T \; \|$$

En la ejecución y realización téngase en cuenta la igualdad de derecho a duplicarse de las tres notas en los acordes de sexta; en las tríadas directas, en la mayoría de los casos, habrá que duplicar, en cambio, la fundamental.

He aquí un ejercicio para las sucesiones $D \; S_3$ y $D_3 \; S_3$:

$$T \; D_3 \; | \; S_3 \; D \; | \; T \; T_3 \; D \; | \; S_3 \; T \; D_3 \; | \; T \; \|$$

Clasifique funcionalmente y realice los siguientes bajos, tomados del *Mesías* de Händel.

En los bajos dados que anteceden está muy claro el curso de las funciones. Los sopranos siguientes, en cambio, permiten diferentes resoluciones. De aquí que sea más significativo el interpretar una melodía cada vez con nuevas armonías, que la laboriosa composición de un conjunto de ellas.

He aquí unas cuantas posibilidades de interpretar la séptima nota del primer ejercicio:

Händel, *Te Deum de Utrecht*

EL ACORDE DE CUARTA Y SEXTA

Un acorde de cuarta y sexta puede formarse de cuatro maneras. Su significado funcional y su tratamiento compositivo es en cada caso diferente. Y también hay que concebirlo unas veces como consonancia y otras como disonancia.

1. Un acorde de cuarta y sexta por bordadura se produce sobre un bajo inmóvil, mediante el movimiento de ida y vuelta de dos voces a la segunda superior. La nota del bajo se duplica. El acorde por bordadura de cuarta y sexta, por ser disonancia, aparece sobre tiempo débil.

Modelo: Conducción más bien libre de las voces:

2. El *acorde de retardo de cuarta y sexta*: la 5 y la 3 de una tríada *son retardadas* en el tiempo fuerte por la 6 y la 4.

La resolución de la disonancia del retardo se efectúa en tiempo débil mediante una conducción descendente de grado. Las notas del retardo pueden venir enlazadas desde un acorde consonante en el que fueron introducidas *(retardo preparado)*, o aparecer también libremente.

Retardo preparado: libre:

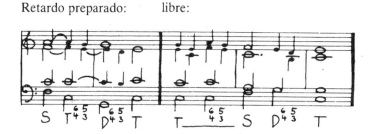

El D^6_4, denominado *acorde cadencial de cuarta y sexta*, es de la mayor importancia como medio de formación de la cadencia.

Los ejemplos siguientes muestran la muy frecuente combinación de la 1 y la 2: formación sobre tiempo fuerte de un *acorde por bordadura de cuarta y sexta con función de retardo*.

Vivaldi, *La Primavera*   Händel, *El Mesías*

Händel, *El Mesías*

3. *Acorde de cuarta y sexta por inversión*: el bajo, sin perder su función de nota fundamental o tercera, a un salto de ida y vuelta a la quinta para regresar a la nota fundamental o a la tercera. El acorde más estable, antes y después del movimiento, legitima y *explica* la función del acorde más débil situado en medio, que en tal contexto no es percibido como una disonancia.

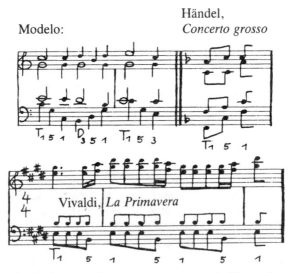

Modelo:

Händel,
Concerto grosso

Vivaldi, *La Primavera*

El pasaje siguiente es incorrecto, porque a la T$_5$ no sigue ninguna estabilización:

4. El paso gradual del bajo produce un *acorde de cuarta y sexta de paso*. El enlace de segunda del bajo legitima el de otra manera inestable acorde e impide su percepción como estructura disonante.

En el ejemplo que sigue se conjugan, a causa del tiempo fuerte, los efectos de retardo y transición: es un *acorde de paso de cuarta y sexta con función de retardo*. En su caso son posibles dos clasificaciones funcionales:

Telemann, *Tafelmusik*

Ejercicio. Toque y realice en diferentes tonalidades.

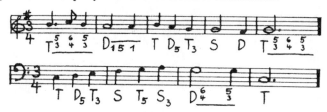

El acorde cadencial de cuarta y sexta, el retardo D_{43}^{65}, aparece con mucha más frecuencia que las demás estructuras de cuarta y sexta.

Ejercicio. Toque en todas las tonalidades:

$$T \ S \ D_{43}^{65} \ | \ T$$

DISONANCIAS CARACTERÍSTICAS

La séptima menor añadida a una tríada mayor le confiere un claro carácter de dominante. Igual de definida aparece la función de subdominante cuando se le añade a una tríada mayor la sexta mayor (Rameau: *sixte ajoutée*).

Al reunir, según costumbre, estas disonancias características en un capítulo, no hay que perder de vista sus diferencias en cuanto a: a) *formación*, b) *construcción* y c) *univocidad*.

a) La *sixte ajoutée* es esencialmente más antigua que la séptima de dominante. Alrededor del año 1600 llevaba ya mucho tiempo figurando entre los medios más importantes de formación de cadencias:

La S_5^6 posibilita una cadencia en la que todos los acordes están enlazados por notas comunes. A la S_5^6 seguía siempre la D_{43}^{65} o la D, pero nunca la T.

Ejercicio. Deben tocarse las cadencias siguientes en todas las tonalidades.

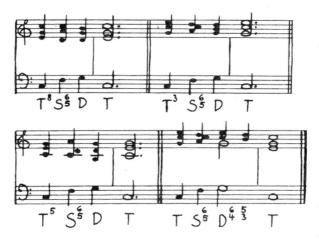

b) No carece de problemas hablar de una sexta añadida a una tríada, como lo hace la teoría armónica surgida de la tríada, dado que también el empleo de la sexta, en vez de la quinta, constituye una forma de
cadencia muy antigua, originada en una época en la que se podían construir, sobre el bajo, la tercera y la quinta o también la tercera y la sexta.
(En la época de Bach se duplica en la S^6, en la mayoría de los casos, la
nota en función de fundamental, mientras que hacia 1600 en todos los
acordes de sexta se podía duplicar por igual cualquier nota; véase el
ejemplo de Praetorius.)

Por ese motivo sería más correcto, en la S^6_5 de la música prebachiana,
no hablar de una sexta añadida, sino de *conjunción de quinta y sexta.*

Heinrich Schütz   M. Praetorius, 1609

Ejercicio. Tóquese en todas las tonalidades esta cadencia con S^6,
la cual desempeña un gran papel en la época de Bach y seguirá desem-
peñándolo en la música del período clásico.

$$T \ S^6 \ D \ T$$

En las cadencias con S⁶ evítense, mediante movimiento contrario, estos movimientos paralelos de quinta y octava:

No se dan inversiones de la S⁶.

c) Aquella nota que confiere a un acorde el carácter de subdominante, le quita al mismo tiempo su univocidad. El añadir una séptima menor a una tríada no pone en cuestión la colocación de las terceras del acorde de séptima de dominante así originado. El acorde *Sol-Si-Re-Fa* sigue estando claramente en *Sol* y adquiere además un carácter de dominante.

En cambio, la adición de una sexta mayor permite también otra interpretación del acorde de cuatro notas originado:

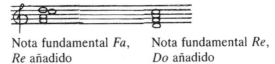

Nota fundamental *Fa*,   Nota fundamental *Re*,
Re añadido   *Do* añadido

El segundo acorde, producido por la disposición de tres terceras sobre la fundamental *Re* —un acorde de séptima sobre el segundo grado de la escala—, funciona según la concepción de Rameau, antes expuesta, como dominante de la dominante, debido a que la séptima menor le confiere carácter de dominante, tendiendo a convertirlo en fundamento.

Por lo mismo, T S⁶₅ D T se puede concebir de hecho también como una fusión de las sucesiones de grados 1 4 5 1 y 1 2 5 1.

Es materia de interpretación el que, en la cadencia siguiente, se considere al tercer acorde como inversión de una S_3^6 o como una *dominante de Rameau*, que conduce a la tónica mediante un doble salto de quinta descendente desde la fundamental *Re* pasando por *Sol*.

Las inversiones de la S_3^6 son raras. Son posibles con la tercera o la quinta en el bajo:

Procédase a realizar en diferentes tonalidades el siguiente ejercicio teórico, forzosamente ajeno a toda música por culpa de la acumulación de las formas S^6 y S_3^6:

En el desarrollo de la S_3^6 hay que tener en cuenta: la quinta y la sexta están enfrentadas como disonancia. Cuando sigue la D, la 6 queda inmóvil y empuja a la 5 hacia abajo (1); cuando sigue la D_4^6, la 5 se mantiene y empuja a la 6 hacia arriba (2), o también, las dos voces se separan una de otra (3). No sería correcto seguir conduciendo a las dos voces en la misma dirección (4).

La música prebachiana conoció, desde luego, fenómenos que suenan a nuestros oídos como acordes de séptima de dominante, pero se trataba simplemente de formas de paso o retardo.

Leonhard Schröter, 1578   A. Hammerschmidt, 1641

Heinrich Schütz, 1648

No se puede hablar de un *acorde* de séptima de dominante hasta la época de Bach. Es entonces cuando se convierte en uno de los fenómenos armónicos más importantes. Sobre todo en la obra de Bach son raras las cadencias conclusivas sin acorde de séptima de dominante. Deberá prestarse una atención rigurosa a la resolución de la séptima (hacia abajo) y de la sensible (hacia arriba). Son, desde luego, posibles las excepciones, pero han de tener siempre algún motivo y no se las debería incluir sin más ni más.

Únicamente la quinta de la dominante es libre en la progresión:

otras posiciones:

Ejercicio. Escríbanse en diferentes tonalidades acordes de D^7 en todas las posiciones y resuélvanse correctamente. Constituye un buen autocontrol, al principio, introducir S↗ (sensible ascendente) y 7↘ (séptima descendente). Puede estar en el bajo cualquiera de las cuatro notas. Por lo tanto, son posible estas tres inversiones:

1.ª inversión:
Acorde de quinta
y sexta

2.ª inversión:
Acorde de tercera
y cuarta

3.ª inversión:
Acorde de segunda

Realice este ejercicio en diferentes tonalidades y tóquelo en todas:

Con frecuencia el acorde de D^7 surge todavía, como en la época anterior, por efecto de un movimiento de paso, como en este ejercicio:

Cuando se resuelve correctamente la D^7 en la posición fundamental se produce una tónica incompleta sin quinta. Si se quiere obtener una tónica completa, se puede continuar, en las voces intermedias (no en el soprano ni en el bajo), haciendo ascender a la séptima o descender a la sensible. Ambas cosas aparecen desde luego con frecuencia en la literatura musical.

El acorde de D^7 suena en la mayoría de los casos completo, o sea, sin duplicaciones. Se le puede suprimir la quinta. En este caso se duplica la nota en función de fundamental: *acorde incompleto de D⁷*. Su resolución da lugar a un acorde completo de tónica.

La coincidencia de las notas cuarta y séptima de la escala, característica del acorde de D⁷, aparece también en un acorde de tres notas, empleado desde luego mucho antes de Bach, aunque concebido también como una forma del acorde de séptima de dominante. era considerado en los siglos XV y XVI, igual que como un acorde consonante (véase en el ejemplo de Isaac la resolución de la disonancia en este acorde).

Dufay, 1450   Isaac, 1541

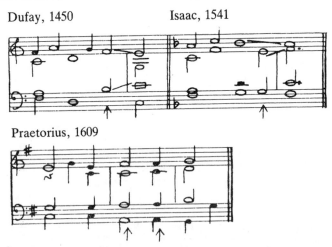

Praetorius, 1609

Debido a la aparición del acorde de séptima de dominante, este acorde de tres sonidos era percibido cada vez más en la época de Bach como un acorde incompleto de D⁷: como un acorde de séptima de dominante con omisión de la fundamental, denominado *acorde de D⁷ abreviado*. El bajo de este acorde (el acorde aparece tradicionalmente sólo en esta forma) es siempre la quinta de la dominante.

Đ = falta el fundamento de la dominante.

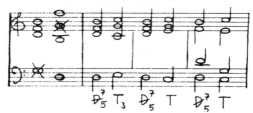

Se comprende este acorde como el acorde de séptima de dominante en forma de disonancia de tensión, lo que constituye un interesante ejemplo de hasta qué punto la consonancia y la disonancia son objeto de interpretación según los cambios de la historia.

Ambas progresiones, a la T y a la T₃, eran usuales en la época de Bach. He aquí algunas de *El Mesías* de Händel:

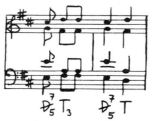

La ausencia de tensión de la séptima posibilita en el acorde abreviado D⁷ la conducción ascendente de la séptima a la quinta de la tónica. Es usual la duplicación de la quinta de la dominante, es decir, de la nota del bajo. Se puede duplicar también la séptima de la dominante, pero no la sensible.

He aquí un ejercicio para tocar y realizar:

Las cinco formas del acorde de séptima de dominante aparecen en el *Oratorio de Navidad* de Bach en el coral «Ach mein herzliebes Jesulein»:

Una armonización conclusiva muy frecuente en las composiciones corales de Bach se produce al descender hacia la fundamental los finales de la melodía de muchos corales.

He aquí algunas cadencias conclusivas de *El Mesías* de Händel que emplean la S$_3^6$ y la D^7 de diferente manera:

Los siguientes pasajes de diferentes compositores pueden atestiguar hasta qué punto el acorde de séptima de dominante no sólo sirve para reforzar el final, sino también para determinar la invención melódica; todos ellos han sido inventados totalmente a partir de este acorde y no armonizados ya a posteriori con su ayuda.

Bach, Suite en Re mayor

Telemann, *Tafelmusik*

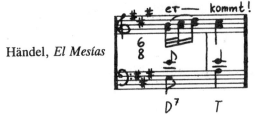

Händel, *El Mesías*

He aquí una composición de gran contenido armónico con un mínimo de desarrollo melódico:

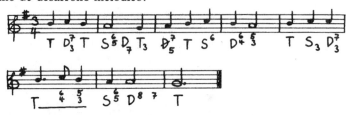

Un ejercicio muy sugerente consiste en realizar dos veces el bajo siguiente: una vez, correctamente, con pocas alteraciones en la posición de las voces; luego, en consideración a las mayores posibilidades de *inspiración* melódica en la conducción del soprano.

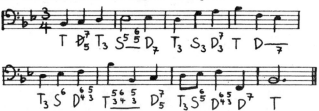

Ejercicios tomados de la literatura de la época:

Telemann, Suite para cuerdas *La Lira*

Semicadencia sobre la dominante

Händel, *El Mesías*

Adagio

Valentin Rathgeber, 1733

Wann d' Hoffnung nicht wär, so lebt ich nicht mehr, weil d'Hoffnung al-

-lein mein Trost muß stets sein. Ich schlaffe, ich wache, ich

thu, was ich will, so ist doch die Hoffnung mein einziges Ziel.

Notas extrañas a la armonía

El movimiento melódico de una o más voces puede efectuarse
—como en los quebramientos de la tríada— sin alterar ni perturbar la
situación armónica respectiva. En tal caso, como ocurre en estos pasajes
de la *Pasión según san Mateo* de Bach, cada nota en el movimiento de
las voces está apoyada por el fundamento armónico.

Sin embargo, en la mayoría de los casos, cuando el tiempo de acción
melódico es mayor que el armónico, aparecen, en el movimiento de las
voces, notas extrañas a la armonía que enturbian más o menos la claridad de la situación armónica y se ven cuestionadas a su vez por el
hecho de que las armonías dejan de apoyarlas; su justificación lineal
tendrá que ser por lo mismo tanto mayor.

1. En las *notas de paso* lo será al máximo. Dos movimientos de
segunda en una misma dirección conducen a otra nota de la misma armonía o a una nueva. La nota de paso está sobre tiempo débil.

Todos los ejemplos que siguen están tomados de corales de Bach.

Permanece la armonía, cambia la armonía

Permanece en parte, y cambia en parte

Como es natural, la resolución de una nota de paso puede hallarse alejada tres notas, como ocurre en el camino de la 5 a la 8 de un acorde; podemos verlo en el contralto de este ejemplo:

Cuando existe un movimiento por nota de paso simultáneo en varias voces, ocurre por lo regular, como en los ejemplos que hemos visto, que las notas de paso que suenan al mismo tiempo son consonantes entre sí.

Pero esas notas de paso pueden ser también disonantes, cosa que se traduce en una composición de gran tensión:

2. Las *bordaduras* se forman por el movimiento de segunda a una nota auxiliar inmediata y el regreso a la nota inicial. La bordadura está sobre tiempo débil. En la música anterior a Bach se daba preferencia a la nota auxiliar inferior por producir una disonancia menos llamativa.

He aquí un fragmento de una misa de Monteverdi (1651):

Sólo en tiempo de Bach empezaron a emplearse las notas auxiliares inferior y superior.

Telemann

Bach,
Pasión según san Mateo

Händel, *El Mesías*

(Estudie minuciosamente en los ejemplos de *El Mesías* cuándo se trata de bordaduras y cuándo de notas de paso.)

En la mayoría de los casos las bordaduras constituyen un adorno melódico con mantenimiento de la armonía. Pero la nota de resolución puede pertenecer también a una nueva función, según nos indica este pasaje de un coral de Bach:

En el pasaje siguiente, entresacado de una sonata para flauta de Bach, que emplea la bordadura al modo de las composiciones del barroco siciliano, hemos de fijarnos en una particularidad: también la voz superior del piano presenta una bordadura, aunque desplazada en el tiempo, de tal modo que la bordadura del piano y la nota de resolución de la flauta coinciden. La bordadura del piano enfrenta la gravedad del tiempo a su comienzo y a su resolución. Por ese motivo tiene más peso y cierto carácter retardante.

Vemos ahora en un coral de Bach bordaduras (W) y notas de paso (D) empleadas simultáneamente en diferente tempo. Cierto es que se puede suponer también que el acorde propiamente dicho es *Do-Mi bemol-La* (= D_5^7), demorado por un triple retardo de las voces superiores:

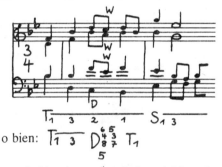

Aquí habría que hablar de una bordadura doble o de un movimiento por nota de paso continuado por el tenor:

o bien: ¿D W?

Ejercicio previo. Se trata de incorporar a posteriori notas de paso y bordaduras a composiciones ya elaboradas. Es fácil que al principiante se le escapen quintas paralelas como las que aquí vemos:

Desde luego, hallamos también movimientos paralelos originados de este modo en obras de grandes maestros, pero se puede comprobar que con gran frecuencia han sido eludidos conscientemente.

Ejercicio de notas de paso. Al realizar esta melodía a tres o cuatro voces, introduzca notas de paso en las voces inferiores, sobre todo en aquellos compases en los que exista una conducción tranquila de la melodía.

Rathgeber

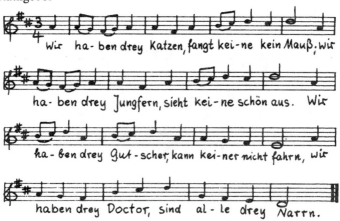

Ejercicio de bordaduras. Es fácil introducirlas en las voces inferiores en simultaneidad con las bordaduras de la melodía, pero no se limite a ello.

En los bajos que siguen se esconden problemas de diverso tipo, fáciles e incluso muy difíciles, aunque atractivos.

a) Clasificación funcional. Se concebirán la mayoría de las corcheas, aunque no todas, como notas extrañas a la armonía.

b) Escribir una composición sencilla para cémbalo con tres voces en la mano derecha. Hallar a esta composición concebida como acompañamiento una melodía adecuada que adquiera vivacidad mediante notas de paso y bordaduras, acompañando a continuación su canto con la parte de cémbalo. No tienen importancia los movimientos paralelos entre la melodía y la mano derecha del piano; se trata únicamente de conducir la melodía correctamente con respecto al bajo.

c) Composición a cuatro voces en la que una de ellas se mueva casi constantemente tal como lo presenta el bajo modelo en sus compases de mayor movimiento. Escriba preferentemente ese tipo de frases en cuatro pentagramas.

Rathgeber

Rathgeber

3. El *retardo*. Ya en el capítulo 1 nos las arreglábamos sin el retardo cadencial de cuarta D^{43}. Al estudiar los acordes de cuarta y sexta pudimos conocer también el doble retardo D^{65}_{43} y la diferencia existente entre el retardo libre y el preparado.

Volvamos aquí a un modelo y a unos ejemplos de la literatura musical:

Modelo: Händel, *El Mesías*

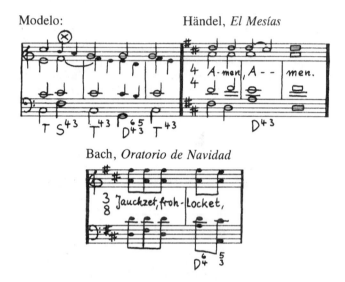

Bach, *Oratorio de Navidad*

1, 3, 5 y 8 pueden ser retardados siempre por su nota auxiliar superior. 4 3, la forma de retardo más antigua, sigue siendo la más importante. En la mayoría de los casos se originan retardos disonantes, sólo 6 5 es consonante, aunque puede convertirse —sobre todo asociado a una composición abundante en retardos— en una *disonancia interpretativa*.

Modelo: Bach, *Coral*

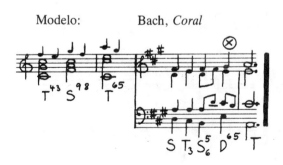

Modelo de diferentes retardos:

⊗ Los retardos se forman sobre tiempo fuerte. Por este motivo predomina también el efecto de retardo sobre tiempo fuerte en las notas de paso.

Aunque en las tríadas se pueden duplicar las terceras y las quintas, en el caso de los retardos rigen reglas especiales: las terceras retardadas (1) no pueden estar sonando en otra voz, y las quintas (2) no deberían hacerlo.

He aquí algunos ejemplos tomados de obras de Bach.

Retardos preparados:

Retardos producidos por notas de paso:

Retardo libre:

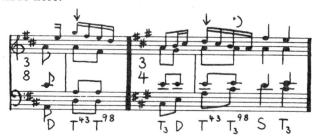

* El movimiento de semicorcheas consecuente conducido en sentido descendente legitima aquí algo que, de otro modo, deberá ser estrictamente evitado; es decir, que la nota de resolución esté ya sonando en la misma posición de octava.

Por lo tanto, habrá que evitar:

Indiquemos aquí aún dos particularidades: la bordadura disonante acaba en un retardo como nota de paso disonante (1). La bordadura hace al mismo tiempo de retardo en otra voz (2).

Los retardos —aunque sólo los preparados— constituyeron también un medio importante para la música prebachiana. La resolución tenía que efectuarse siempre por descenso de grado.

He aquí un pasaje de la *Misa del papa Marcello* de Palestrina, de alrededor de 1563:

Esta rigurosa regla se relaja en tiempo de Bach. Ocasionalmente los retardos se resuelven también ascendentemente (1). En este caso la T es alcanzada simultáneamente por un retardo descendente y otro ascendente (2).

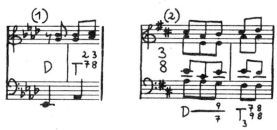

Los siguientes ejercicios no hacen justicia a la literatura musical. En nuestro caso se trata de practicar todas las posibilidades, y en la práctica el más frecuente es el retardo de 4 3.

⌒ = retardo preparado.

Antes de resolver los ejercicios adjuntos, estudie muy cuidadosamente los siguientes pasajes de corales de Bach, en los que aparecen señalados todos los retardos (V), notas de paso (D) y bordaduras (W). Casi nunca se hallará en Vivaldi tal plenitud de notas extrañas a los acordes, y pocas veces en el caso de Händel; estos pasajes son en cambio típicos del estilo de escritura de Bach.

Al realizar los ejercicios que siguen, escriba el mayor número posible de notas extrañas a la armonía. No se pierde nada en absoluto si primero se esboza una frase sencilla. Si se da el caso, entre una nota y la siguiente de una voz resultan posibles movimientos de relleno, por ejemplo:

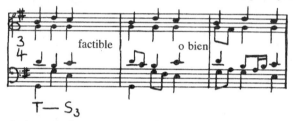

Cuando las soluciones así halladas no sean satisfactorias, puede ensayar otras vías armónicas; por ejemplo:

Aus meines Herzens Grunde (1598)

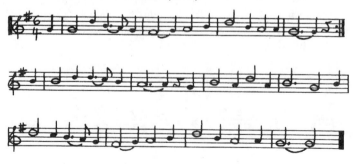

Unser Herrscher, unser König (1680)

Liebster Jesu (1664)

*Mein Schöpfer,
steh mir bei* (1741)

4. Escapadas. *(Notas auxiliares por salto descendente y de ataque.)*
Las escapadas están en tiempo débil. Se trata de notas situadas a intervalo de segunda junto a una nota del acorde, a las que se llega paulatinamente (como nota de paso o bordadura), experimentando entonces un salto descendente (notas auxiliares por salto descendente) o ser atacadas y conducidas después de nuevo paulatinamente (como notas de paso o bordaduras) (notas auxiliares de ataque). Estas últimas se hallan en rarísimos casos.

He aquí cuatro ejemplos tomados de la literatura musical correspondientes al tipo mucho más frecuente de la nota auxiliar por salto descendente: la nota auxiliar superior con salto inmediato de tercera descendente.

Bach   Bach

Estas notas auxiliares de ataque (contralto y tenor) no son en realidad otra cosa que notas de paso en cruzamiento de voces:

Ahora se trata de acompañar al piano la siguiente melodía de Rathgeber, sin tocar a lo sumo más de dos acordes por compás. No escriba las notas; limítese a esbozar las clasificaciones de las funciones, tocándolas a continuación y, además, cantándolas. (La melodía contiene notas de paso, bordaduras, un retardo por nota de paso y una nota auxiliar por salto descendente.) Clasifique cualquier nota extraña a la armonía.

Rathgeber, 1733

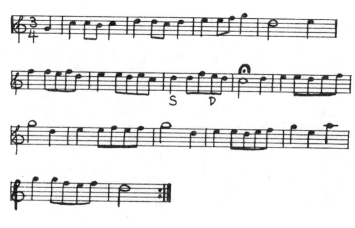

5. *Anticipación.* Una voz alcanza en tiempo débil una nota de un acorde al que sólo alcanzarán las demás voces en tiempo fuerte. La anticipación de la tónica constituye una característica típica de la forma de cadencia de Händel.

Modelo: Händel, *El Mesías*

Händel, *Jerjes*   *El Mesías*

El Mesías

Doble anticipación de la S y T:

Telemann, *Tafelmusik*

Las anticipaciones se hallan casi exclusivamente en la melodía y generalmente en los giros finales.

He aquí una de las raras anticipaciones en las voces inferiores:

Händel, *El Mesías*

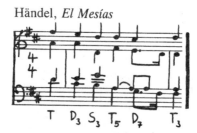

El final de la primera parte de la *Pasión según san Mateo* de Bach, la gran elaboración coral de *O Mensch bewein*, constituye tal vez el único ejemplo de una formación de motivos desarrollada completamente a partir de la anticipación, que deja su sello en cada compás de esta composición.

He aquí una melodía de Rathgeber con anticipaciones ornamentales. Clasifique sus funciones, cántelas y acompáñelas con el instrumento.

Ejercicio de notas auxiliares por salto descendente (escapadas) y de anticipaciones; realícelo a cuatro voces.

EL MODO MENOR

Zarlino (1558) fue el primero en referir toda la música polifónica a la tríada mayor y menor. Consideraba a la tríada menor como menos completa. Desde entonces existe en la teoría musical el hasta ahora irresuelto problema del modo menor. Helmholtz (1862) define el modo menor como una consonancia «enturbiada», compuesta por dos tríadas en modo mayor (1).

Elementos de Do mayor y Mi bemol mayor nos dan do menor. El dualismo (Von Oettingen, 1866; Riemann) interpreta el modo menor como reflejo de la tríada mayor (2).

Una tercera mayor y menor, construida sobre el Do como fundamental = Do mayor.

Una tercera mayor y menor, suspendidas desde el Do como fundamental = fa menor.

Para los compositores el modo menor nunca se ha convertido en un problema. Su menor estabilidad y claridad tiene más de desafío que de impedimento.

No tiene sentido dividir la enseñanza elemental en tres clases de modo menor, en tres escalas menores; pero como se practica todavía esa enseñanza en todas partes, conviene conocerlas, aunque no para hacer, desde luego, uso alguno de ellas.

a) modo eclesiástico eólico — modo menor natural — modo menor puro;

b) modo menor armónico — modo menor mayor;

c) modo menor melódico.

Desde luego, no ha habido jamás, por ejemplo, una composición en modo menor armónico. El modo menor no existe como escala musical, sino como reserva de nueve notas (siete notas en el modo mayor), a disposición de cualquier composición en menor.

La estereotipia de la invención melódica en modo menor es asombrosa (todos estos ejemplos han sido transportados a la menor):

Händel, *El Mesías*

Bach, *Ofrenda musical*   Bach, *Clave bien temperado*

Bach, *Motete*

Bach, *Partita para violín solo*   Bach, *Fuga para órgano*

Bach, *Suite para cello solo*

Guardémonos de emitir una crítica negativa: el afán de la originalidad en el siglo XIX fue ajeno a la época de Bach; los buenos temas constituían todavía un material de construcción anónimo, accesible a todo el mundo. La escala ascendente termina en la sexta menor *Fa*, y la tónica es estabilizada por el *Sol sostenido* como sensible. Con frecuencia, estas dos notas delimitadoras resultan inseparables.

La séptima disminuida, prohibida hasta entonces como movimiento melódico, se convierte en la característica predilecta, por lo que el espacio de tensión del modo menor, en la época de Bach, tanto armónico como melódico, suena así:

Ejercicio. Invente comienzos similares; no trate de ser original. Esfuércese por lograr representaciones típicas de este espacio de tensión en el que, al lado de la séptima disminuida, se emplearon también mucho las dos quintas disminuidas.

Si rebasa toda la extensión de la octava, hágalo más en sentido descendente que ascendente. En el descendente se emplea la séptima menor y la sexta menor (1), en el ascendente sólo se puede alcanzar desde abajo la sensible, el séptimo grado (2) a través del sexto grado elevado.

En consecuencia, podría representarse así la escala completa del modo menor:

Son muy raros los giros divergentes, como

Bach, *Sonata para flauta en mi menor   Sonata para flauta en Mi mayor*

Típicamente empleados, los ejemplos siguientes nos presentan toda la reserva de notas del modo menor en la invención melódica, y en la composición a dos y cuatro voces.

Vivaldi, *Concierto para violín* (transcrito por Bach como concierto para órgano)

Purcell, *Chacona*

Bach, *Coral*

Ejercicio. Invente líneas vocales e instrumentales que empleen la reserva entera del modo menor. Encuentre ejemplos en literatura musical de esta época.

Como nos indican los cuatro ejemplos siguientes, dentro de una armonía estable de dominante mayor, la conducción descendente de la sensible a través del sexto grado elevado era evidente, mientras que la misma serie de notas *La-Sol sostenido-Fa sostenido-Mi* sería inconcebible en una armonización nota a nota.

Bach, *Pequeño Libro para piano para A. M. Bach*   Coral

Fantasía para órgano

Fuga para órgano

También, únicamente como bordadura, podría ser considerado el sexto grado aumentado por debajo de la sensible.

Bach, *Sonata para flauta en Mi bemol mayor*

En muy raros casos encontraremos una conducción descendente de la tónica a través de los dos grados elevados, cosa que sería imposible en la armonización nota a nota.

Bach, *Pasión según san Mateo* («Buss und Reu»)

Las excepciones de una conducción anómala ascendente de los grados sexto y séptimo no elevados son raras en la época de Bach, incluso en las voces intermedias.

Bach, Concierto para órgano transcrito de Vivaldi

Bach, *Coral*

Aunque esta bordadura suena de un modo muy convincente (1), constituye un caso muy raro. Se daba preferencia a giros como los del otro ejemplo (2).

Bach, *Sonata para flauta en Mi bemol mayor*

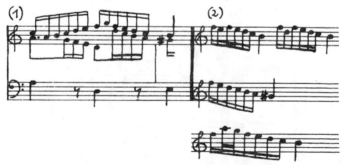

Cuando se trata, en cambio, de abandonar por poco tiempo *(desviación tonal)* o por algún tiempo o definitivamente *(modulación)* la modalidad menor, constituye un medio idóneo al respecto, precisamente algo que en otro caso no está permitido, es decir, la conducción ascendente de los grados sexto y séptimo no elevados: se procede a anular, destruyéndola de modo ostensivo, la fuerza centrípeta de la modalidad menor.

Händel, *Sonata para flauta*

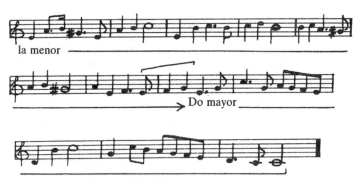

Ejemplos de los principales compositores nos indican que este medio de transformación del centro tonal era de uso general.

Purcell, *Thrice happy*

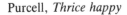

Vivaldi, *Concierto para oboe*   Händel, *El Mesías*

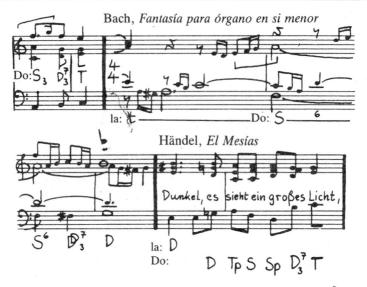

Bach, *Fantasía para órgano en si menor*

Händel, *El Mesías*

La tónica menor recibió de Riemann la clasificación de ^{0}T, y de Karg-Elert la de ↘. Ya en 1821 se le ocurrió a Gottfried Weber la idea de distinguir el modo menor de las sonoridades de tercera mayor. O sea, diferenciando, mediante minúsculas, las sonoridades de tercera menor de las del modo mayor. Pero fue Wilhelm Maler el primero que, en 1931, desarrolló a partir de ahí un sistema de notación convincente, al que nos adherimos por completo.

Todas las formas de D^7 aparecen también en modo menor. Especialmente rica es la provisión de acordes en el ámbito de la subdominante con s s^6 s$^{\frac{6}{5}}$ S S^6. La serie s$^{\frac{6}{5}}$ D^{87} era sumamente popular en la época de Bach, cosa que confirmaría cualquier tenor de coro.

La S_3^6 no se empleaba en modo menor en la época de Bach, debido tal vez a que su empleo consecuente habría traído consigo una duplicación defectuosa de la sensible, dado que la tercera alterada de la subdominante en modo menor —a diferencia de la natural en modo mayor— obligaría a una conducción ascendente.

La D conduce en la mayoría de los casos a la t, aunque también aparezca D s_3 y en casos muy raros D s, pero nunca D S:

En la conducción desde la d hay que tener en cuenta la tendencia descendente del séptimo grado no alterado; sobre todo en la voz aguda. Por ese motivo no puede aplicarse en todas las ocasiones la serie d s.

Son típicas de aquella época las siguientes armonizaciones de la escala descendente en el bajo:

En esta misma aria de *El Mesías* aparece también el descenso cromático de la voz de bajo tan popular en el barroco. (Su validez se conserva todavía en el siglo XIX: cualquier tendencia de la sensible se puede neutralizar mediante una conducción cromática en el sentido opuesto.)

Ejercicio. Toque las cadencias siguientes en todas las tonalidades:

Del recuento de numerosos corales de Bach y fragmentos de *El Mesías* de Händel se deduce la siguiente *regla de duplicación:*

En las tríadas menores se duplica por lo regular la fundamental, pero también es posible la duplicación de la tercera. Es muy rara la duplicación de la quinta. En los acordes de sexta, en cambio, la duplicación de la nota del bajo, o sea, de la tercera de la tríada, es equiparable a la duplicación de la nota fundamental de la tríada.

Es típico de la escasa fuerza centrípeta del modo menor el hecho de que las composiciones se mantengan durante muy poco tiempo dentro del estrecho ámbito de la cadencia, modulando rápidamente sin esfuerzo la mayoría de las veces a la tonalidad del relativo mayor. La brevedad de los ejercicios corresponde, por lo tanto, a lo que se trata de practicar.

Ejercicios:

Rathgeber

Compensa como lo hace el modelo:

¡la pobreza melódica con la riqueza armónica!

Rathgeber

Händel

Bach, *Coral*

Melodía de coral

Semicadencia en la D

Johann Krüger, 1653

Comienzo y fin de una melodía coral, que en su parte central

modula

de un fragmento coral de Bach

LA TRÍADA AUMENTADA, EL ACORDE DE SEXTA NAPOLITANA

En la época de Bach la tríada aumentada, susceptible de formación a base de las existencias tonales del modo menor, aparece rara vez en forma de acorde independiente. En la mayoría de los casos se trata de una forma de retardo, que, de acuerdo con el contexto, se resuelve hacia las notas de la D o de la t. Y es el contexto precisamente el que decide si en *Mi-Sol sostenido-Do* es disonante el *Do* o el *Sol sostenido*.

Dos ejemplos tomados de composiciones corales de Bach:

La tríada aumentada no aparece, desde luego, jamás en la época de Bach tan amontonada como en el ejercicio siguiente:

$$t\,D^{65}\,t\,\delta^{6}\mid D^{6-5}_{3\,4-3}\mid t_{3}\,\delta^{7}_{5}\,t\,\delta^{6}_{5}\mid t^{7\,8}_{3}\,\delta^{6}_{5}\,D\mid t$$

El juez israelita Jefté había prometido, antes de la batalla, que, si la ganaba, sacrificaría al Señor al primero que le saliera al encuentro desde su casa. En el momento en que, al regresar a casa, es su única hija la primera que le sale al encuentro, aparece en oratorio *Jefté*, de Carissimi (1645) —que hasta ese punto se limitaba a un sobrio curso narrativo— por vez primera y, por cierto, densamente acumulada, una formación armónica hasta entonces economizada: un acorde entrañable para la ópera napolitana, denominado por ese motivo *acorde de sexta napolitana* (en una palabra, la *napolitana*), una subdominante en modo menor con una sexta menor en vez de la quinta, en su origen una sexta menor como retardo de la quinta.

Ya en la época de Bach se suprime ocasionalmente la resolución directa del retardo, dándose entonces diversas posibilidades de empleo del acorde señalado como s^n.

Tanto en el movimiento de segunda como en el de tercera disminuida, en cualquier caso, hay que conducir descendentemente la *segunda frigia*. La práctica del barroco se separa ocasionalmente de esta regla, que, sin embargo, debe recordarse como lo normativo. Es importante tener en cuenta que este acorde, todavía en la época de Bach, se reservaba para la expresión más intensa del lamento y del dolor, por lo que en modo alguno se le puede malinterpretar como material armónico puro.

En la s^n se duplica la fundamental de la subdominante. En la conducción hacia la D es inevitable y usual la falsa relación cromática (véase * en los ejemplos anteriores).

Carissimi, *Jefté* ($\sim$ 1645)

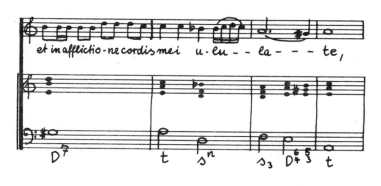

(… y en la aflicción de mi corazón, plañid, plañid…)

Alessandro Scarlatti ($\sim$ 1700)

Bach, *Pasión según san Mateo*   Pasacalle para órgano

El clave bien temperado

Ejercicios.   Realizar a cuatro voces (texto de Gryphius).

Zeuch hin, zeuch hin, be- trüb-tes Jahr! Zeuch hin mit mei - - nen

Schmertzen! Zeuch hin mit mei-ner Angst!

Poner música a textos parecidos a éste; emplee siempre la s^n como punto culminante:

«Was jetzund blüht, kan noch für Abend gantz zutretten werden.»
«Was ist der Erden Saal? Ein herber Thränen-Thal!»
«Wir Armen! ach wie ists so bald mit uns gethan!»

A. Gryphius[1]

EL RETARDO DE NOVENA Y EL ACORDE DE SÉPTIMA DISMINUIDA

Con los recursos tonales del modo menor se puede formar el acorde de séptima disminuida que, si bien caracteriza especialmente el lenguaje de J. S. Bach debido a una aplicación muy frecuente, es utilizado por todos los compositores de la época.

Aunque no presentó dificultades tanto a la numeración del bajo cifrado como a la teoría de los grados (el acorde de séptima del séptimo grado elevado en modo menor: VII^7), se convirtió en un problema al tratar de darle una definición funcional, problema a cuya solución se ha querido, sin embargo, facilitar demasiado la mayor parte de las veces. Debe ser entendido como un acorde de dominante de séptima y novena con supresión de la fundamental, denominado D$^9_7$ *abreviado* y clasificado como Ɒ$^9_7$ o como D^V. Respecto a su primera aparición en la época de Bach, hemos de decir, sin embargo, que no se le debe definir como abreviatura de algo que todavía no existía en absoluto en su forma normal. La forma del primer ejemplo (1) no se escribía en la época de Bach; en cambio, encontraremos con mucha frecuencia los ejemplos segundo (2) o tercero (3).

---

[1] «Quien rebosa salud, puede verse hecho añicos esa misma tarde.»
«¿Qué es la Tierra? ¡Un valle de lágrimas!»
«¡Pobres de nosotros! ¡Ah, qué pronto nos lleva la trampa!»

Por lo tanto, no se trata en absoluto (¡aún no!) de un acorde, sino de una forma de retardo en el acorde de séptima de dominante.

He aquí cuatro formas típicas de retardo de séptima y novena con resolución al modo mayor o menor, respectivamente. En el menor es propia de la escala la novena menor; en el mayor, la novena mayor.

Bach, *Pasión según san Mateo*

* Conclusión en mayor de un pasaje en fa sostenido menor, ya que la novena menor indica la tonalidad menor. (Véase también el «Qui tollis» de la *Misa en si menor* de Bach.)

Cuando con el retardo de novena suena también la séptima, hay que omitir la quinta en una composición a cuatro voces. El retardo de novena tiene que estar situado por lo menos una novena sobre la nota en función de fundamental. Es imposible, por lo tanto, el primer ejemplo (1); son posiciones posibles, por ejemplo, las del segundo caso (2).

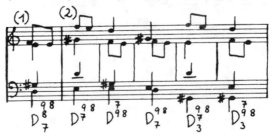

En todos los ejemplos es también posible el *Fa sostenido* en vez del *Fa*; la tónica final es entonces La mayor.

Encontramos el mismo retardo también en el bajo, pero hay que concebirlo y clasificarlo entonces como retardo de segunda.

Ejercicios:

Como es natural, no aparece en la literatura musical una tal inflación de la novena que atrofiara cualquier efecto sonoro.

Encontramos también con frecuencia el acorde de séptima disminuida como forma de retardo en la D^7.

Bach, *Pasión según san Mateo*   Fragmento coral

Sería, pues, muy comprensible interpretar también el acorde de séptima disminuida como una forma de retardo, siempre que la resolución no tenga lugar antes del cambio de acorde.

Es digno de notar, sin embargo, que Bach no introduce la séptima disminuida en absoluto de acuerdo con la regla del retardo. La hace aparecer, en casi todos los casos, sin preparación, incluso en aquellos en los que, inmediatamente antes o después, se preparan retardos de acuerdo con la regla; preparados también mediante el acorde de séptima disminuida, que en estos casos asume, por lo tanto, el papel de una consonancia de preparación situada sobre tiempo débil.

de fragmentos corales de Bach   *El clave bien temperado*

Las teorías armónicas existentes hasta ahora dejaban bien claro que el acorde de séptima disminuida representaba una combinación de D y s (1), y, sin embargo, se decidieron por la clasificación de dominante $\not{D}^{\frac{9}{7}}$ o D^V. Sólo Wilhelm Maler clasificó su doble papel funcional, al menos en el caso de que la nota fundamental s esté en el bajo (2).

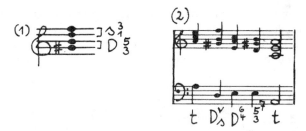

Podríamos denominarlo *acorde de dominante con la fundamental de la subdominante en el bajo*. Creo, sin embargo, que habría que dar un paso más adelante. Es indudable que en el tercer compás del pasaje siguiente de *Les Cyclopes* de Rameau, no sólo está en juego la subdominante dentro de un acorde de dominante, sino que ese compás pertenece a la s, comenzando el espacio de soberanía de la D en el cuarto compás:

Es indudable también que la siguiente D^v *con la novena en el bajo* tiene una función de subdominante; es un retardo en la s_5^6:

Händel, *El Mesías*

Como quiera que en la época de Bach la séptima de dominante y la sexta de subdominante son componentes característicos de estas funciones, de las cuatro notas del acorde de séptima disminuida, tres pertenecen al ámbito de la dominante y tres al de la subdominante:

Sólo queda una pequeña diferencia, y una discusión de los teóricos sobre el significado funcional de los pasajes siguientes tendrá un final problemático:

El sonido, en el que se encuentra el *ámbito de la no tónica* del modo menor y que representa en extracto el melos característico del modo menor

de ambas sensibles, no puede verse malinterpretado por nuestros tardíos oídos —que lo escuchan todo en una perspectiva de dominante—, educados por las torres de terceras de la música de la segunda mitad del siglo XIX. Lo clasificaremos, teniendo en cuenta su doble función Ð^V (es decir, *s + D en un acorde de séptima disminuida*).

Clasificar las notas con 3, 5, 7 y 9 equivaldría a relacionarlas con la fundamental de la dominante, que, hay que advertirlo, no suena jamás en la época de Bach formando acorde con ellas. Contaremos por lo tanto, 1, 3, 5, 7, a partir de la sensible. Cuando aparezcan 3, 5 o 7 en el bajo, habrá que señalarlo.

Ejercicio. Tras el estudio de las siguientes reglas de conducción de las voces, toque y realice en diferentes tonalidades, después de cifrarla, la anterior cadencia, que contiene todas las inversiones posibles de la Đ^V.

De las reglas de conducción de las voces del modo menor ya conocidas, deducimos, pues, como obligatoria para 1 y 7:

Es cierto que las quintas justas ocultas aparecen de diversas maneras en las resoluciones de Bach en la Đ^V, pero siguen siendo una excepción. Por ese motivo hay que conducir descendentemente la 5, fundamental de la *s*, debido también a que esa quinta es al mismo tiempo D^7.

La 3 de la Đ^V es libre.

L'Ame en peine de Couperin presenta dos progresiones diferentes en el bajo; observemos que en el segundo caso aparecen las raras quintas justas ocultas:

Así pues:

Ejemplos de composiciones corales de Bach:

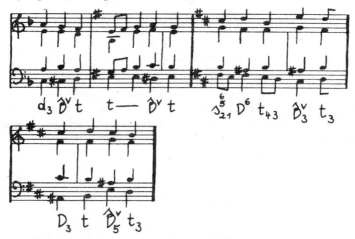

1. *Ejercicios* tomados de la *Pasión según san Mateo* de Bach.

a) Realizar a cuatro voces el siguiente ejercicio y, tras haberlo cifrado, tocarlo en diferentes tonalidades:

b) Tras haberlo cifrado, realizar la parte del cémbalo, y después cantarla y tocarla:

2. *Ejercicios* tomados de *El Mesías* de Händel.

3. Realizar para cuerdas:
   Telemann, suite para cuerdas *La Lira*.

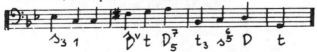

Händel, *El Mesías*

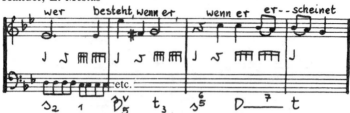

ACORDES RELATIVOS

La menor es la tonalidad que tiene iguales alteraciones que Do mayor. Ambas son *tonalidades relativas* entre sí. La tonalidad mayor tiene por lo tanto su relativa una tercera menor más abajo, y la tonalidad menor, en cambio, tiene su relativa una tercera menor más arriba.

Igual que los acordes fundamentales, las dominantes son también mutuamente relativas.

Riemann introdujo para estas tríadas menores, cuando aparecen referidas a la tonalidad mayor relativa, las clasificaciones de *relativa de la tónica, relativa de la subdominante* y *relativa de la dominante*, que siguen empleándose exactas en la actualidad:

La clasificación respectiva de los seis acordes, referidos a la modalidad menor como centro tonal, sería, según Riemann,

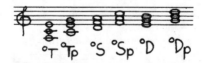

(^{0} significaba tríada menor. Léase, pues: ^{0}T = tónica menor, ^{0}Tp = relativa de una tónica menor.)

Tras haber desarrollado consecuentemente Wilhelm Maler el sistema de clasificación de las tríadas mayores a base de letras mayúsculas y de las tríadas menores a base de minúsculas, se impuso para el ámbito de la modalidad menor la clasificación siguiente:

En tP aparece claramente que la tónica es una tríada menor y que su acorde relativo (la P mayúscula) es una tríada mayor.

Todos los acordes relativos tienen dos notas en común con la función principal. Ya había hecho notar Riemann que dos de estos acordes podrían prestarse a más de una interpretación por tener también dos notas en común con otra función principal.

La Tp es al mismo tiempo una relativa de la S, y la Dp está relacionada al mismo tiempo con la T. Sólo sigue siendo terminante la Sp, puesto que en el séptimo grado no existe ninguna función principal.

En el menor la tP está relacionada al mismo tiempo con la d, y la sP, con la t.

En este caso es inequívoca la dP:

Desde Grabner llamamos a las tríadas secundarias, que representan a una función principal sin ser su relativa, contraacordes relativos, o, más abreviadamente, *contraacordes*.

Esos contraacordes están, por lo tanto, en la modalidad mayor, situados por encima de la función principal, y en la modalidad menor, por debajo de ella. Como los relativos, tienen dos notas en común con la función principal:

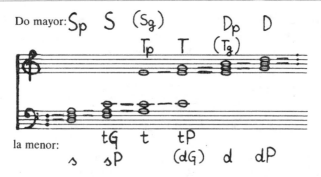

En menor se indica con una G mayúscula, ya que aquí los contra-acordes son como acordes relativos mayores.

Entretanto, y desde la época de Riemann, ha habido el vano esfuerzo (él denominaba todavía a tG «acorde de bordadura de sensible») por buscar una clasificación inconfundible para aquel acorde que, siendo contraacorde, no es paralelo.

Riemann dio el ejemplo siguiente, que me permito repetir en la actual notación.

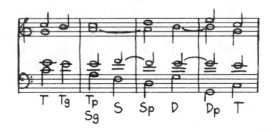

Aunque en el caso del tercer acorde se permitió dos interpretaciones, las dos son poco musicales: Sg S Sp es inverosímil, dado que nadie compone ni percibe tres acordes diferentes consecutivos como versiones de una función. Y T Tg Tp es totalmente imposible: hay que interpretar la quinta descendente mi menor-la menor como un cambio de función.

Me parece que la única interpretación con sentido es t Dp Tp S Sp D D^6 T. Es decir, precisamente por el ejemplo aducido por Riemann para la definición del contraacorde, no creo que haya ningún contraacorde. Desde Riemann aparece en la enseñanza y, sin embargo (y con toda razón), apenas aparece en los ejercicios de los libros de texto.

Tal vez sea convincente el siguiente ejemplo, en el que *Mi-Sol-Si* aparece clasificado una vez como Dp y otra como Tg:

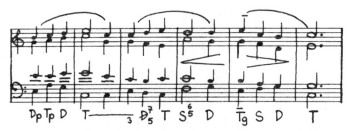

Debido a la escasez de contraacordes inequívocos, en el ejemplo anterior aparecen entre paréntesis todos los contraacordes menos uno: el tG en modo menor, que se percibe inconfundiblemente como un representante de la t cuando, como ocurre con frecuencia en la época de Bach, se le utiliza como *cadencia evitada* en modo menor.

Cadencia evitada: después de la D en modo mayor (la sensible generalmente en la voz superior) esperaríamos la T como conclusión de una pieza o de una frase, y en su lugar aparece, en cambio, la Tp; después de la D en modo menor esperaríamos la t, y en su lugar aparece, en cambio, el tG.

Ejercicio. Toque las siguientes cadencias evitadas en diferentes tonalidades, pero no de modo mecánico: hay que aprender a escuchar el acorde final de la cadencia evitada, representante aquí de la tónica. Debido al peligro de los movimientos paralelos, se deberá duplicar la tercera en el acorde final de la cadencia evitada (véase *), y también con objeto de reforzar de un modo especial en este acorde el elemento tónica.

Bach, *Coral*

$$t_3 \quad D^{7}_{5} \quad t \quad D^{87} \quad tG \quad \backsim$$

Obsérvense para los acordes relativos las reglas de duplicación dadas para las tríadas en modo mayor y menor y los acordes de sexta.

Inversiones. En el vigoroso modo mayor la transición fugaz al débil ámbito menor paralelo sólo es verosímil cuando los acordes menores aparecen en su imagen más fuerte y acusada, o sea, nunca en las inversiones. La Sp_3 se concebiría antes como S^6, y la Dp_3, más bien como D^6. En cambio, la transición desde el modo menor al ámbito paralelo, más fuerte, del modo mayor, aparece verosímil también mediante acordes invertidos.

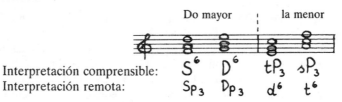

	Do mayor	la menor	
Interpretación comprensible:	S^6 D^6	tP_3 sP_3	
Interpretación remota:	Sp_3 Dp_3	d^6 t^6	

Observación: Tp Sp Dp son apenas utilizados como acorde de sexta; tP sP dP son empleados como acordes de sexta.

RELATIVOS EN MAYOR

Los relativos aislados situados entre tríadas principales aparecen tanto en los tiempos fuertes como en los débiles, aunque a veces se oiga la nada autorizada opinión docente de que son preferibles los tiempos débiles.

Bach, fragmentos corales

$$D \quad Tp \quad D_3 \quad T \quad S_3 \qquad T \quad Tp \quad T_3 \quad S \qquad T \qquad Sp \quad T_3$$

Tocar y realizar en diferentes tonalidades la serie de funciones siguiente, compuesta en base a elementos de los ejemplos dados.

T Tp T₃ S | T D Tp D | Dp T S T | Sp T₃ S⁶₅ D | T ‖

Con mucha frecuencia aparecen juntos el acorde de la función y su representante, yendo delante, en la mayoría de los casos, el primero. En la época de Bach casi nunca se hallan series como Tp T Sp S Dp D.

Telemann, *Suite para cuerdas*

Bach, *Sonata*

Bach, *Coral*

para flauta en La mayor

Händel, *El Mesías*

Las series de funciones | T Tp | S Sp | D Dp | Tp S⁶₅ | D⁶⁵₄₃ | T ‖ y | T | Tp S | Sp D | T ‖ figuran entre las vías de pensamiento armónico más importantes de la música barroca. ¡Tóquelas y realícelas en diferentes tonalidades!

He aquí un atractivo ejercicio: inventar frases a dos voces, y clasificarlas funcionalmente, para instrumento melódico y línea del bajo en el cémbalo. Quien no pueda inventar a la primera melodías a partir de funciones pensadas interiormente, elabore primero la serie de funciones y el bajo.

Con mucha frecuencia dos tríadas secundarias se siguen inmediatamente una tras otra, sobre todo cuando están a intervalo de cuarta o de quinta; así, por ejemplo, Tp Sp, Tp Dp, Sp Tp, Dp Tp.

Bach, *Coral*   *Sonata para flauta en Do mayor*

Händel, *Te Deum de Utrecht*

Ejercicio. Toque series de cadencias con estos ejemplos y realícelas tras haberlas combinado en forma de series más largas.

Es evidente que es muy difícil hallar grupos coherentes más grandes de tríadas secundarias, dado que el ámbito del relativo menor, cuando debe mantenerse en sí mismo, en vez del acorde menor Dp, da preferencia a la versión en modo mayor del mismo grado. Pero de ese modo se pierde la relación directa con la T, de manera que deba hablarse de una desviación tonal:

Bach, *Coral*

El ejercicio siguiente se puede realizar de diferentes modos:
1. Como composición coral.
2. Como composición para cémbalo (acordes de tres voces para la mano derecha, sólo la línea del bajo para la izquierda).
3. Con la invención añadida de un instrumento melódico a esta composición para cémbalo.

El Mesías, aria «Wohlauf»

Realizarla para cuerdas, escribiéndola en dos sistemas como es usual en la composición coral.

Telemann, minueto de la *Suite para cuerdas*

La Lira [sección 1.ª + 3.ª]

Ejercicio. Realizar corales a cuatro voces; por ejemplo, «Lobe den Herren», «Gott ist gegenwärtig», «Liebster Jesu wir sin hier», «Nun lasst uns Gott dem Herren».

RELATIVOS EN MENOR

A diferencia del modo mayor, los relativos mayores situados individualmente (exceptuando el tG) dentro del modo mayor constituyen un caso rarísimo, mientras que son muy frecuentes en grupos de dos.

El Mesías

Händel, *Te Deum de Utrecht*

Ejercicio:

$$| \text{t dP} | \text{tP s}^6 | \text{D}^{65}_{43} | \text{t} \|$$
$$\text{t} | \text{sP tP} | \text{s t} | \text{sP s} | \text{D t} \|$$

Son todavía más numerosos aquellos casos en que tres relativos mayores se conjugan en forma de grupos cadenciales:

Bach, *Coral*

Händel,

pasajes de Concerti grossi

Bach, *Sonata para flauta en Si bemol mayor*

Grábese especialmente en la memoria esta vía de pensamiento armónico típico de aquella época.

Ejercicio:

$$t \mid sP \ dP \mid tP \ s^6 \mid D^{65}_{43} \mid t \parallel$$

Es difícil trazar la frontera —ya que aquí no escuchan igual todos los oídos— acerca de cuánto tiempo se puede hablar todavía de relativos en una cadencia en menor y a partir de cuándo se deberá ver una desviación tonal o una modulación.

Los siguientes ejemplos de fragmentos corales de Bach con una frase final con cadencia en modo mayor, serán en cambio percibidos por cualquier persona como una transformación del centro tonal:

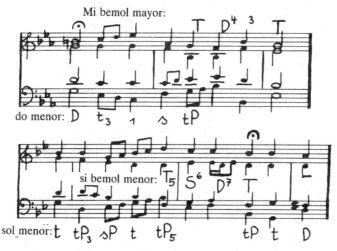

El modo menor presenta una fuerte tendencia al ámbito del relativo, mientras que los trozos en modo mayor eligen con menos frecuencia su relativo menor como meta de modulación y tienden con una intensidad mucho mayor hacia el ámbito de la dominante.

Ejercicios difíciles para personas especialmente interesadas. El bajo de dos compases de una trío-sonata para órgano de Bach, si se repite continuamente, puede convertirse en la base de una chacona a dos voces. Inventar, a partir de las funciones, figuras siempre nuevas para la voz superior; primero tranquilas, y después más vivas:

Escriba en cada cambio de función del siguiente bajo de Händel el acorde correspondiente a la mano derecha del cembalista. Préstese atención a los movimientos desnudos de las notas de paso. Experimente diferentes posibilidades.

El Mesías

Esta voz de soprano de Händel puede ser conducida por diferentes funciones. Elabore diferentes clasificaciones posibles e invente en ellas una viva voz de bajo.

El Mesías, coro «Er traute auf Gott»

PROGRESIONES DE QUINTA DESCENDENTE EN MAYOR Y MENOR; EL ACORDE DE SÉPTIMA

El modo mayor y el menor ponen a la disposición de las progresiones descendentes de quinta la misma serie de acordes. Habrá sólo que elegir en diferentes lugares su disposición ascendente o descendente. La frecuencia con que se encuentran ese tipo de estructuras en Bach y Händel, y sobre todo en Vivaldi, sólo asombrará a aquella persona que no haya experimentado conscientemente al oído ese sabio equilibrio de la actividad y la pasividad armónica.

Al entrar en una progresión el oyente sabe de antemano lo que va a ocurrir. Una dosificación idónea de las progresiones brinda la impresión de la inteligibilidad de un lenguaje, de su agilidad y fluidez; demasiadas progresiones despiertan la impresión de banalidad.

Practicar esta secuencia de dos maneras, pensando primero en modo mayor y después en modo menor, y elegir diferentes disposiciones ascendentes y descendentes.

La tríada disminuida, construida en modo mayor sobre el séptimo grado de la escala, y en el menor sobre el segundo, se tolera en el marco de una progresión. Como en cualquier caso hay una caída de cinco grados, sería absurdo querer interpretarlo como un D^7 abreviado: todos los acordes de la progresión están formados sobre su nota fundamental, y por lo mismo éste lo está también, aunque indebidamente, sobre el *Si*.

Observemos en los ejemplos de la literatura musical que los modelos de progresión o bien se hallan dentro de una función (5) o abrazan dos funciones (1). Es muy frecuente la imitación entre dos voces, consistente en que el modelo de progresión abarca dos funciones en una voz, apareciendo engranado en la otra, al hacerlo (2), (3), (4). Estos tres ejemplos presentan, además, la popular *Progresión de acordes de séptima*.

Modelo de una progresión de acordes de séptima:

En progresiones de más duración el oyente pierde la relación funcional. Tendría sentido en este caso la simple clasificación de los grados: VI II V I IV VII...

(1) Bach, minueto

(2) Concierto de Vivaldi en la transcripción para órgano de Bach

(3) Bach, *Sonata para flauta en La mayor*

(4) *Pasión según san Mateo*

(5) Pasajes de conciertos de Vivaldi
en la transcripción

para órgano de Bach

Ejercicio. Inventar cadencias en modo mayor y menor con incorporación de cadenas de progresiones de diferente longitud. Realizar algunas en cuatro o tres voces, siendo también posible la composición a dos voces, y escribir una parte para coro y otra para instrumentos.

Aparte de la legitimación que le confieren las progresiones, aparece en modo menor únicamente en forma de inversión, II^7 (*Si-Re-Fa-La* en la menor), el *acorde de séptima sobre el segundo grado*: s$^6_5$, es decir, re menor con la adición de un *Si* en el bajo. En el modo mayor sólo si prescindimos de las progresiones se encuentra el mismo acorde VII^7, *acorde de séptima sobre el séptimo grado*, en forma de notas de paso.

Tomemos dos ejemplos de los corales de Bach. (Sólo en el período clásico *se construye* un acorde de séptima sobre el séptimo grado; véase.)

En las cadenas de progresiones con quinta descendente cada acorde desempeña cierto papel dominante sobre el siguiente, papel que aparece aún más claro merced a la séptima añadida. Las séptimas se resuelven siempre por segundas descendentes. Cuando a los acordes de séptima no sigue ningún salto de dominante (caída de quinta), se pierde también el efecto de dominante. La séptima se limita entonces a aumentar en forma de disonancia el contenido de tensión del acorde correspondiente. Como acorde consecutivo sólo entra en consideración entonces uno de aquellos que posibilitan la resolución descendente de la séptima:

Siguen algunos ejemplos de fragmentos corales de Bach de acordes de séptima sobre diferentes grados en modo mayor y menor.

He aquí dos ejercicios prácticos con acordes de séptima situados sobre diferentes grados:

$$T \; T_3 \; Sp^7 \; D_5^7 \; T^7 \; S^7 \; D_7 \; Dp^7 \; S \; T \; Tp^7 \; Sp \; D_5^7 \; T$$

$$t^8 \; t^7 \; s \; sp^7 \; dP \; d^7 \; tG \; s^7 \; d_{12} \; dP \; tP^7 \; s \; t$$

AMPLIACIÓN DEL ESPACIO CADENCIAL

Hacia 1640 se desarrolla uno de los más importantes tipos de melodía en modo mayor: un primer arco melódico termina con la nota fundamental y es repetido. Acto seguido la melodía se dirige a la quinta y la afirma mediante su sensible, dando lugar a una tónica intermedia, tras lo que la cuarta sección, que suele traer la culminación melódica, vuelve a dirigirse hacia la nota fundamental y hacia la tónica principal.

O Gott, du frommer Gott (1670)

Straf mich nicht in
deinem Zorn (1694)

Nundanket alle Gott (1647)

Ejercicio. Inventar melodías correspondientes a este modelo.

La dominante de la dominante necesaria para la armonización se clasifica como Ð y recibe el nombre de *dominante de cambio.* Es de máxima importancia, dado que la desviación hacia el ámbito de la dominante representa la más importante ampliación del espacio cadencial en la música barroca y clásica. Todas las formas de la D están también a disposición de la Ð.

Tocar y realizar la siguiente cadencia en diferentes tonalidades.

Con frecuencia la Ð representa a la S en la cadencia.

El siguiente tipo de melodía, que aparecía también frecuentemente en aquella época, pone en claro la diferencia existente entre la semicadencia en la dominante y la cadencia en la dominante como tónica intermedia.

O dass ich tausend Zungen hätte (1738)

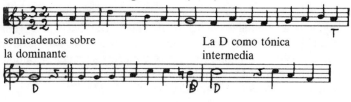

Ich freu mich in dem Herren (1635)

semicadencia sobre
la dominante

¡La D como tónica

intermedia- - - - - -¡

Ejercicio. Realizar estas melodías igual que las que dimos al principio o bien tocarlas al piano después de haberlas clasificado funcionalmente.

En todas ellas se puede proceder desde la perspectiva de relacionar con una nueva meta armónica no sólo una sensible, sino una sección melódica entera. En ese caso se puede proceder a la clasificación armónica intertonal de acuerdo con la regla siguiente: todas las funciones puestas entre paréntesis se relacionan con el acorde situado tras el paréntesis, cuya clasificación funcional se efectúa en la tonalidad principal.

Con frecuencia se pueden hacer varias interpretaciones distintas de una armonización dada cuando se trata de un cambio paulatino y no brusco del centro de gravedad tonal:

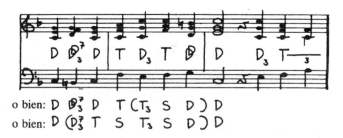

También las melodías corales siguientes derivan hacia la D, aunque la sensible hacia la D no aparezca en la melodía misma. Búsquese siempre aquel punto donde parezca más convincente suponer el cambio de la relación funcional. Clasifíquense las melodías teniéndolo en cuenta y experiméntense diversas posibilidades.

Valet will ich dir geben (1615)

Was Gott tut, das ist

wohlgetan (1681)

Podemos encontrarnos también desviaciones tonales hacia la S, aunque con mucha menos frecuencia; en ese caso la subdominante de la subdominante se clasificaría como $\overset{S}{S}$, denominándola *subdominante de cambio*. Puede aparecer también como $\overset{S}{S}{}^{6}$, así como $\overset{S}{S}{}^{6}_{5}$.

La siguiente melodía, de Gastoldi, permanece tanto tiempo en el campo de la S, que se recomienda el empleo de un paréntesis más largo en la clasificación funcional.

(1591)

Todas las funciones se pueden fijar mediante su dominante mayor. La $\overset{D}{D}$ constituye, por lo tanto, un caso especial de lo que denominamos

Dominantes intermedias, que se clasifican como (D) y se relacionan con el acorde siguiente. Sin embargo, todas las funciones pueden ser también el centro de desviaciones tonales más prolongadas.

Las melodías siguientes contienen desviaciones tonales (hasta tres en una sola melodía) hacia la D, la Tp y la Sp. Clasificarlas funcionalmente, tocarlas y realizarlas.

Siegesfürste, Ehrenkönig (1678)

Lobet den Herren (1653)

Es jammre, wer nicht glaubt (1735)

Jesus, meine Zuversicht (1653)

También la T puede convertirse en un acorde de séptima de dominante intermedia hacia la S mediante la adición de la séptima menor.

He aquí la escala cromática, por un lado en el soprano y por otro en el bajo, posibilitada mediante sensibles de dominantes intermedias. El resultado puede parecer sobrecargado, pero este tipo de cromatización es típico de la música de Bach.

Presentamos ahora cinco ejemplos de la literatura musical: se trata de tres pasajes del *Oratorio de Navidad* de Bach y de dos secciones de pasajes corales del mismo autor. Cuando el acorde de referencia de una dominante intermedia no está como de costumbre después de ella, sino antes, se señala con una flecha; por ejemplo, T_{87} tP ← (D^{87}) S.

Los siguientes ejercicios destinados a la interpretación instrumental y la composición escrita proceden, para empezar, de fragmentos corales de Bach. El ejercicio para el bajo presenta el extracto armónico de los compases 13-18 del *Aria* de la Suite para orquesta en Re mayor de Bach.

El primer ejercicio enseña, además, que hay también subdominantes intermedias en todas las formas.

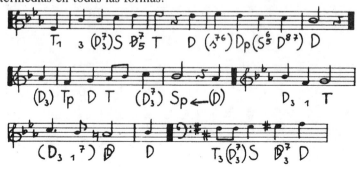

Ofrece interés la disposición armónica del Preludio en Fa mayor del primer tomo del *Clave bien temperado* de Bach.

Ante todo, otra explicación de signos: en el compás 11 aparece una dominante intermedia que no alcanza su meta, en este caso la S, y que sin embargo no puede ser clasificada sin ella. Desde Riemann se clasifica, situándolo entre corchetes, ese objetivo no alcanzado por las dominantes intermedias.

Primeramente una escueta cadencia de abertura con una (D) hacia la S, que más que abandonar la tonalidad la afirma en los dos primeros compases. Ampliación del espacio cadencial con varias dominantes intermedias que elevan la Tp, convirtiéndola en un centro intermedio hasta el compás 8. Sigue a continuación el punto culminante de la ampliación armónica. Quíntuple salto de quinta descendente a partir de Mi mayor, salto que curiosamente evita las concepciones de los grados, propias de la escala. Aparecen por lo tanto *La mayor, Re mayor, Sol mayor, do menor* y la tónica misma como dominantes intermedias hacia la S. (La clasificación $\overset{D}{\cancel{D}}$, que me parece practicable en este caso, aparece ya en el texto de armonía de Distler.) A continuación un gran plano sonoro de distensión que vuelve a afirmar la tonalidad.

$$\overset{1}{T}(D^7)S\mid\overset{2}{\cancel{D}}\,T\mid\overset{3}{\cancel{D}}\,D\mid\overset{4}{(D)}Tp\mid\overset{5}{D}Tp\mid\overset{6}{(D)}Tp\mid\overset{7}{Sp}(\cancel{D}^v)\mid$$

$$\overset{8}{Tp}\,S\mid\overset{9}{(\cancel{D}}\,\cancel{D}\mid\overset{10}{D})\,\cancel{D}\mid\overset{11}{d}\,(D^7)\,\underset{Sp}{[S]}\mid\overset{12}{(D)}Sp\mid\overset{13}{D^7}(D^7)\mid$$

$$S^{76} \mid D_7 T_3 Tp \mid Sp \, DT(D^7) \mid S \quad D \mid T \, S \, D \, T \parallel$$

$$\overset{14}{\quad} \overset{15}{\quad} \overset{16}{\quad} \overset{17}{\quad} \overset{18}{\quad}$$

Ⅾ, Ŝ Y (D) EN MODO MENOR

Todas las clases de dominantes intermedias desempeñan en el modo menor un papel mucho menos importante, por varios motivos:

1. El considerable acervo tonal del ámbito menor, estudiado en el capítulo del modo menor, que con la s S d D posibilita una armonía mucho más rica con respecto a la de la cadencia en modo mayor, hace menos necesarias las desviaciones tonales para el enriquecimiento de la vida de los acordes.

2. En el campo del modo mayor la D es la meta de la mayoría de las desviaciones tonales, y en el del modo menor lo es la tP. Su dominante (la dP), que cuando aparece en forma de acorde de séptima de dominante está mejor clasificada con (D⁷) tP, desempeña por lo tanto en el modo menor el papel que le corresponde a la Ⅾ en el modo mayor. En el modo menor la Ⅾ es menos frecuente que en el mayor.

3. Pero el desarrollo del ámbito del relativo mayor amenaza siempre el predominio de la t, la hace caer en el olvido, convirtiendo las desviaciones tonales en modulaciones: por ese motivo *en el modo menor* aparecen las dominantes intermedias con poca frecuencia y, en la mayoría de los casos, producen un *alejamiento del modo menor*.

4. Difícilmente hallaremos en el modo menor una Ŝ, dado que el séptimo grado tiene en este modo casi siempre una legitimación más verosímil que la dP. En cambio, es posible la ş̌.

5. Tiene importancia en el modo menor como dominante intermedia sobre todo la (D) hacia la s —que no pone en peligro el espacio cadencial menor, sino que lo asegura y no nos aleja de él—, o sea, la tónica como dominante intermedia.

Veamos ahora algunos ejemplos de la literatura musical:

Bach, motete «Jesu meine Freude»

Vemos en el primer compás la típica modulación hacia la tP. Clasificar tales pasajes en la tonalidad fundamental —aquí tendría que ser

t tP (D$\frac{7}{3}$) tP / (S$\frac{6}{5}$ D^{87}) tP / tP ($\frac{D^7}{5}$ D) tP /— produce un efecto artificioso y antimusical. Vemos en el cuarto compás la rara desviación tonal en menor al ámbito de la dominante (dominante menor con conclusión en modo mayor). Clasificar el acorde Fa sostenido mayor aquí como $\frac{D}{b}$ en mi menor es, en cualquier caso, forzado: mi menor está de momento totalmente olvidado. *Fa sostenido* es clara y exclusivamente una dominante hacia *Si*.

Veamos ahora dos de los innumerables ejemplos posibles de una tónica menor, convertida en mayor con una séptima menor, como dominante intermedia hacia la s.

Bach, zarabanda

Motete «Jesu meine Freude»

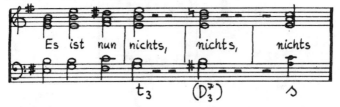

He aquí un ejemplo típico de la débil *fuerza centrípeta* del modo menor. Una dP con una dominante intermedia a ella referida, aleja al motete de sol menor, que es olvidado para no reaparecer hasta después de 23 compases.

Bach, *Komm, Jesu, komm*

Ejercicio:

$$t\,D_3^7\,t\,(D_7)\,\jmath_3\,t_5\,\not{D}_3^7\,D\,t\,(D_{87})\,t\not{P}_3\,\jmath^n\,D^{6\,5}_{4\,3}$$

$$t_{87}\,\jmath P\,(D_3^7)\,\jmath P\,\jmath^6_5\,\not{D}_3^7\,D^{6\,5}_{4\,3}\,t$$

EL ACORDE DE SÉPTIMA DISMINUIDA COMO DOMINANTE INTERMEDIA

Un importante acorde en modo menor es ese acorde de séptima disminuida que se resuelve hacia la D. La teoría de las funciones lo denomina *acorde de séptima y novena de la dominante de cambio con elisión de la nota fundamental*, $\not{D}_7^9$ o $\not{D}^v$.

En do menor:

Colocación preferida: final imponente de composiciones grandiosas en modo menor. En él aparece aún más clara aquella doble función a cuyo tenor clasificábamos ya con $\text{\DH}^V$ el acorde de séptima disminuida que conduce hacia la t. Esto nos daría aquí la clasificación $(\text{\DH}^V)$ D, pero tiene más sentido notar musicalmente aquello que uno *oye*: las notas *Do* y *Mi bemol* del ejemplo anterior no las percibimos circunstancialmente como una *subdominante intermedia que conduce hacia la dominante*, sino —cosa que tiene mucho más sentido— como una tónica. $\text{\DH}$ y t se mezclan en este acorde que, por lo mismo, clasificaremos como $^t\!\text{\DH}^V$.

Al hacerlo la parte de t aparece incluso como la más fuerte, sobre todo cuando en vez de $^t\!\text{\DH}^V$ D es la t el camino que conduce a la tónica sobre el acorde de cuarta y sexta como retardo:

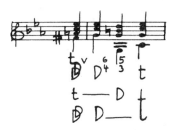

Siendo las dos notas de la tónica las más fuertes, levantan la sensible hacia la dominante. Tal vez se debe a ello su efecto triunfal, su demostración de fuerza, la victoria de la t.

Los finales de las grandes obras de Bach para órgano nos proporcionan numerosos ejemplos al respecto. He aquí algunos de ellos:

Análisis auditivo:

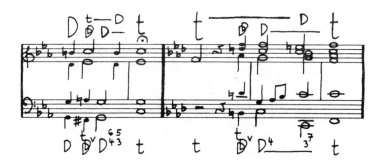

En los dos ejemplos siguientes, tomados asimismo de obras de Bach, toque aparte las voces señaladas con ⌐——¬. Constituyen inconfundibles elementos de la t:

El *Concerto grosso* para cuatro violines en si menor op. 3 núm. 10 de Vivaldi presenta al final del segundo movimiento un ejemplo típico de semicadencia formada a partir de ᵗDᵛ D.

El siguiente ejemplo de Bach muestra la extraña inversión de los componentes de la función: 7 y 5, o sea las notas de la tónica, están situadas en el bajo; 1 y 3, en la voz superior.

Análisis auditivo:

Los acordes de séptima disminuida pueden ser colocados como do-minantes intermedias en todos los grados y resolverse tanto en acordes menores como mayores. Los conocemos ya delante de t y D. Aparecen así, también, en las composiciones en modo mayor.

He aquí un arriesgado ejemplo, tomado del *Clave bien temperado*, segunda parte, de Bach.

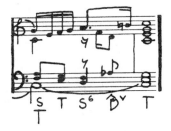

Hallamos acordes de séptima disminuida que conducen a la T, la Sp y la D en el Preludio en Do mayor de la primera parte. He aquí el extracto armónico:

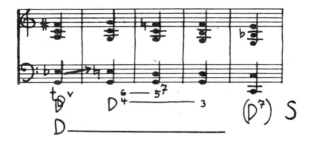

Es digna de observación, en el segundo pasaje, la serie de dos acordes de séptima disminuida. El *Sol* aparece en el bajo dirigido cromáticamente, por así decirlo, desde dos sentidos opuestos.

El tercer fragmento presenta un giro que en la época de Bach apareció relativamente pocas veces, aunque adquirió importancia en la época clásica: el *Mi bemol* descendente por lo común hacia la quinta de la dominante (*a*), retenido con frecuencia antes de la caída en el acorde menor de cuarta y sexta como retardo (*b*), aparece aquí, por decirlo así, mediante la aplicación de una fuerza extrema, forzado hacia arriba, hacia el refulgente *Mi* del retardo del acorde mayor de cuarta y sexta (*c*).

Veamos ahora un ejemplo del *Oratorio de Navidad* de Bach, que nos asegura el no incurrir aquí en interpretaciones subjetivas de ningún tipo. Sin duda alguna se percibía ya en la época de Bach el poder de este giro armónico.

Guardémonos mucho del abuso consiguiente al excesivo empleo del acorde de séptima disminuida si queremos mantenernos cerca del estilo de la época de Bach.

En *El Mesías* de Händel el pasaje siguiente describe tan expresivamente las heridas del Señor *(-wundet)* y nuestros pecados *(Sünden)*, precisamente por el hecho de que este acorde no haya sido empleado mucho antes ni mucho después:

Por tal motivo nos limitaremos a poner aquí como ejercicio sólo unos cuantos fragmentos aislados:

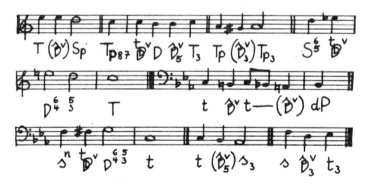

CONVERSIÓN EN MENOR DEL MODO MAYOR

Si hemos observado ya en el ámbito del modo menor al lado de la s y la d la conversión en mayor de las dominantes en todas sus formas de aparición, nos encontraremos también ahora con un ámbito mayor convertido en menor para todas las formas de la s, incluyendo s^6, $s^{\frac{6}{5}}$ y s^n. He aquí un ejemplo, tomado de un coral de Bach:

Los manuales de costumbre nos dicen que, debido a la ausencia de la sensible en el «modo menor natural», se aumentaba cromáticamente el séptimo grado «de la escala menor original», para que contuviese una D como «estructura originariamente extraña» (Manual de Louis-Thuille). Esos tratados consideran análoga la disminución cromática del sexto grado en el modo mayor, con lo que la subdominante adquiriría una tercera menor con una energía descendente más fuerte que la de la sensible (en Do mayor: La bemol → Sol). La concepción «de lo fácil a lo difícil» de los libros de texto induce a incurrir en tesis semejantes.

Y lo correcto es precisamente lo contrario: la sensible es más antigua que los modos mayor y menor, es más una «comadrona» que un *añadido* en el modo menor. Así, los acordes de la subdominante menor en modo mayor, no constituyen en la época de Bach el enriquecimiento de algo más sobrio, sino el aprovechamiento de una plenitud armónica que ya existía, como nos demuestra este ejemplo de Hassler, de 1601:

Ejercicio:

HAYDN-MOZART-BEETHOVEN (1770-1810)

Tres típicos ejemplos de Johann Stamitz (1717-1757) y de su hijo Karl Stamitz (1746-1801) nos ilustran claramente el cambio de estilo que tuvo lugar hacia 1750.

Johann Stamitz, *Sinfonía en Sol mayor*

Johann Stamitz, *Sinfonía en La mayor*

Karl Stamitz, *Cuarteto con orquesta en Do mayor*

1. Llega a su fin la cultura de la composición a cuatro voces. La melodía, acompañada por la segunda voz en forma de terceras, flota por

encima del más escueto fundamento del bajo. El precario papel de la viola, en medio de estos procesos, nos prohíbe hablar todavía aquí de una *voz*. Con frecuencia aparece conducida en octavas con las cuerdas graves (3). Es una absoluta barbaridad el que una voz de viola se conduzca al principio independientemente, para convertirse después en algo tan superfluo como en (2), donde se resigna a las octavas paralelas con el cello, si exceptuamos unas tímidas ideas propias como las del compás 7 (¡véanse también los primeros cuartetos para cuerda de Haydn!). Las personas habituadas a pensar en la pulcritud de la composición a varias voces no pueden hablar con respeto de obras semejantes.

2. El bajo se limita a las tres funciones principales. Si era difícil encontrar en Bach pasajes con simples funciones de fundamentales, nos es difícil ahora localizar comienzos de composiciones que vayan más allá de T, S y D. A consecuencia de ello, ocurre, para empezar, que frente a muchas notas melódicas hallamos pocos cambios de fundamentales y, por lo mismo, pocas notas en el bajo: esto es uno de los varios motivos de esa liviandad e ingravidez del melodismo clásico temprano. La facilidad de su comprensión, esa iluminación inmediata que las caracteriza, brotan asimismo de la simplicidad de su armonía temática. Esta es idéntica en un sinnúmero de composiciones de la época. Una vez que se conocen algunas de ellas, encontraremos convincente y *natural* la invención de cualquier otra.

3. La música conquista con esta nueva estructura compositiva un nuevo tempo: *el presto*. Casi cada nota de una fluyente voz de bajo barroco se traducía en un nuevo acorde del cémbalo del continuo; aportaba —en la formulación actual— un cambio de función. Aquello había que entenderlo con el oído, cosa que exige su tiempo. Pero es el número de cambios de funciones lo que determina el posible tempo de una voz melódica.

En el allegro del *Quinto concierto de Brandemburgo* de Bach una corchea es necesariamente mucho más lenta que en los tres ejemplos de los Stamitz:

También allí donde, como en el caso de Bach, una función rige la mitad de un compás, la reivindicación melódica de seis *personas* impone un tempo moderado: porque lo que comunican esas seis personas, *tiene peso*. Y fue precisamente la renuncia a ese peso lo que posibilitó el nuevo encanto que caracterizó a la ligera melodía clásica.

4. La repetición de compases o de grupos de compases desempeña un gran papel en los tres ejemplos de los Stamitz; son en ese sentido característicos de la música de su tiempo. El compás 3 repite el compás 2 en (1), el compás 3 al 6 es igual que el compás 7 al 10, exceptuando unas desviaciones mínimas en (2). Y en el ejemplo (3) aparecen ocho compases escritos aquí abreviadamente: la viola y el cello tocan lo mismo durante ocho compases. Durante cuatro compases el segundo violín descansa al comienzo del movimiento mientras el primero toca la tercera inferior de nuestro ejemplo; y a continuación suenan los compases que aparecen escritos aquí.

Esta alegre propensión a repetir nos revela dos cosas: por un lado, el valor para la solución sencilla, que se manifiesta tanto en la formación de la melodía como en el material de los acordes. Y por el otro brota de ella también una indicación hacia la nueva vivacidad del tempo: es como si tampoco en el desarrollo melódico estuviese permitido dar demasiada información en demasiado poco tiempo.

Comparemos dos melodías y su entorno.

Mozart, Larghetto

Bach, Aria

La melodía del larghetto de Mozart, tomada del Cuarteto para cuerdas KV 589, es tocada por el cello en una tesitura muy alta. El segundo violín acompaña, la viola aporta, después del pedal en la tónica, los fundamentos armónicos necesarios, y el primer violín descansa: no hace falta en absoluto un cuarto acontecimiento.

El aria de Bach, de la *Pasión según san Mateo*, nos presenta cuatro voces reales de una considerable independencia, que conduce a fuertes tensiones disonantes. Fijémonos en la Tp[9] y, dos corcheas después, en la fugaz sonoridad simultánea de *Si-La-Sol-Fa sostenido*. Bach despliega toda una rica vida armónica frente a los únicos dos grados de Mozart.

La melodía de Mozart lleva en sí misma todo su sentido. El proceder armónico palpita claramente en la misma melodía, con sólo cantarla, *la poseemos* por entero. La melodía de Bach, en cambio, depende en doble sentido de las tres partes de acompañamiento. Sólo gracias a ellas llega a ser lo que tiene que ser el *Re* de la melodía: no tónica, sino tercera de la Tp. Y sólo gracias a las voces acompañantes reciben los ligados de la melodía su impulso motor.

Se trata de captar en el aparente simplismo de la armonía temática clásica el secreto artístico de su sencillez. Si sólo con tres funciones se da una armonía mínimamente interesante, es porque lo único importante reside en qué acorde y cuándo se aplica a un contexto formal y en cuántos cambios se produce.

Volvamos al ejemplo de Mozart. (Obsérvese la correspondencia de la disposición armónica y la curva de la melodía.)

Número de funciones por compás	2	1	4	1
Curva de la melodía:	Tesitura media	Punto de depresión	Punto culminante	Descenso hacia la tesitura media

Más aclaraciones nos ofrecen nueve temas principales de ocho compases tomados de sonatas para violín de Mozart.

KV 305, 1.er mov.	T				D ³	T D^7	T
KV 306, 1.er mov.	T				S_3T_5 ST_3	S $D^{6\,5^7}_{4\,3}$	T
KV 301, 1.er mov.	T		S	$T_{13}S^6$	D^7 T S	D^6_4 ⁵	T
KV 376, 3.er mov.	TD_7	T_3		₁ D^7	TD_7	T_3 ₁ D^7	T
KV 296, 2.º mov.	S	T			D^7	T S T D^7_5 $T_3S^6D^{6\,5^7}_{4\,3}$	D^7T
KV 377, 2.º mov.	t	D^7_3	t	D_{87}	t_3 ♪⁶	D^7	t
KV 378, 1.er mov.	T	D^7		T	SD T	$D^{6\,5^7}_{4\,3}$	T
KV 380, 1.er mov.	T	D^7_{45}	D		T_3	S $D^{6\,5^7\,6\,5^7}_{4\,3\,4\,3}$	T
KV 481, 2.º mov.	TD^7_3	TS_3	T_3S^6	$D^{6\,5}_{4\,3}$	TD^7_3	T S_3 $T_3S^6D^{6\,5^7}_{4\,3}$	T

1. En siete de los nueve ejemplos el devenir armónico se concentra en la frase consecuente. Sólo en dos de estos ejemplos tienen el antecedente y el consecuente el mismo número de grados armónicos. En ninguno de ellos presenta la frase antecedente una mayor actividad armónica. El íntimo nexo existente entre la armonía y la forma en la música clásica aparece ya bien claro en estos períodos de ocho compases.

2. La cadencia presenta dos aspectos dentro de la música clásica: por un lado es la base de la invención melódica. A partir de las pocas progresiones permitidas por ella vemos guiada de un modo imperceptible la inspiración melódica. Imperceptible para el oyente, que cree por supuesto en la invención melódica natural. Al mismo tiempo la cadencia es el medio más importante en la forma conclusiva. ¡Veamos sólo una vez la densísima actividad armónica del compás 7 en todos los ejemplos!

T | D_{87} | T_{31} S | D^{65}_{43} | T ｜—｜—｜ sería un proceso armónico inimaginable para un tema clásico. (La cadencia seguirá siendo por más tiempo un medio de la forma conclusiva aun cuando haya dejado de servir de base al proceso musical.)

3. La serie S D, que habíamos encontrado enteramente en la época de Bach, no aparece tanto como antes en la música clásica. Una escueta S sigue a la T o a la D^{65}_{43} y también la S^6 o la S^6_5 preceden a una escueta D.

EL PAPEL ESTRUCTURAL DE LA CADENCIA

Observemos el papel estructural de la cadencia en el primer movimiento de la «Sinfonía Haffner», KV 385, de Mozart. Aunque esta grandiosa obra contiene muy pocos procesos armónicos complicados, el número de cadencias (que aparecen en las versiones S^6 D^7 T, S^6_5 D^7 T, s^6_5 D T, S^6_5 D T, T S^6 D T) es muy reducido: sólo seis series de subdominante-dominante-tónica hasta el comienzo de la reexposición en el compás 125. ¿Y dónde aparece empleado este medio conclusivo y de articulación de las secciones?

Una primera cadencia apunta al compás 13: fin del tema. Segunda aplicación del tema; superposición canónica; un desarrollo que se libera del material del tema; semicadencia sobre la dominante. Una nueva aparición del tema principal en instrumentación pianística (técnica de Haydn: en vez de un segundo tema, presentación del primero bajo una fisonomía modificada); modulación definitiva a La mayor. Primera idea conclusiva, formada con el tema principal y cerrada con la cadencia número 2 en el compás 66. A continuación una segunda idea conclusiva llevada por los oboes y cerrada con la cadencia número 3 en el compás 74. En la tercera idea conclusiva otras dos cadencias, construidas sin duda sobre Tp Sp $_{31}$ D T, y un final definitivo de esa idea con la cadencia completa número 4 en el compás 88. Se suman inmediatamente las cadencias números 5 y 6: una cadencia repetida sobre un pedal de tónica (compases 90 y 92) al final de la exposición. Y no hay más cadencias hasta el compás 125.

Así, el complicado flujo armónico evolutivo del desarrollo no contiene una sola cadencia. En la exposición, el tema principal termina con una cadencia y por lo mismo se ve confirmado como una imagen temática bien delimitada en su entorno. Las cinco cadencias restantes no se encuentran hasta el proceso de retención del grupo final donde se siguen unas a otras, cada vez con más densidad. Así pues, vemos ya en Mozart la tendencia hacia una cadencia articuladora y conclusiva del proceso musical, si bien ha dejado de ser su fundamento.

La Đ⁷

Con excepción de las progresiones sólo hallamos en la música de la época de Bach el *acorde de séptima sobre el séptimo grado en modo mayor* como estructura de transición o de paso. La música del período clásico lo conoce en cambio también como acorde. Representa una mezcla de las funciones de D y de S de la misma manera que el acorde de séptima disminuida en modo menor era una mezcla de las de D y de s. En consecuencia, nuestra designación será:

Su séptima es aún una séptima igual de clara (y no una novena) como la del Đᵛ. Sólo el romanticismo conoce un acorde de séptima y novena de dominante abreviado (véase el capítulo de Schumann), que *puede* concebirse —pero no aún— como un acorde de séptima sobre el séptimo grado si el contexto se presta concretamente a ello.

La progresión que vemos en el ejemplo siguiente (minueto del cuarteto de cuerdas opus 76, número 3 de Haydn) nos patentiza la relación de la Đᵛ en el menor y de la Đ⁷ en el mayor.

Do mayor: Tp (Đᵛ) Tp₁ ₃
Sol mayor: S⁶ Đ⁷ T₁ ₃

En el lenguaje de Mozart, la Đ⁷ es un acorde empleado con mucha frecuencia.

He aquí un pasaje típico, tomado del diálogo de Don Giovanni y Leporello ante la estatua del Comendador:

Don Giovanni:

LA MODULACIÓN

Merece ser comentado el hecho de que no hayamos tratado la modulación hasta este momento.

Cada movimiento de suite barroca modulaba en la doble barra para regresar en la segunda parte a la tonalidad de partida. En el primer movimiento del *Segundo concierto de Brandemburgo* de Bach el tema principal aparece en el curso del movimiento sobre los seis grados estables de la escala, siendo de notar el empleo predominante de encadenamientos en progresiones de quinta descendente. Éstas se representaron en el capítulo correspondiente a la época de Bach exclusivamente en su aspecto no modulante.

Modelos modulantes serían, por ejemplo, en plan descendente: *la re sol do fa Si bemol → Mi bemol* o bien *la re Sol Do Fa → Si bemol*, así como en el ascendente: *la re Sol Do Fa si* (tríada disminuida) *Mi → La* o bien *La Re Sol do sostenido* (tríada disminuida) *Fa sostenido → Si,* etcétera. (Minúsculas = tríada menor; mayúsculas = tríada mayor.)

Cierto es que en el caso de Bach los bajos móviles del continuo y los acordes construidos sobre ellos no se contentan con las siete notas propias de la escala. En sólo cinco compases (13-17) del aria «Blute nur» de la *Pasión según san Mateo* aparecen once acordes mayores y menores *(Si mayor, Do mayor, Do sostenido mayor, Re mayor, Mi mayor, Fa sostenido mayor, Sol mayor, La mayor; si menor, mi menor, la menor).*

A la vista de una sección A en *si menor* tan enriquecida carece de sentido hablar de una sección B siguiente *modulante*. (Compárese en el capítulo correspondiente a la época de Bach el coral de las páginas 25-27, que cambia constantemente de centro tonal.) La técnica bachiana de las dominantes intermedias mantiene el devenir armónico en un flujo tal que es difícil hacer una diferenciación entre la ampliación *de una* tonalidad y la modulación *a otra* tonalidad, y a través de ésta posiblemente a una tercera, etc.

La simplicidad de los temas clásicos, limitados al medio de la cadencia, empieza a crear la conciencia de la tonalidad en el oyente, logrando de ese modo que el cambio de tonalidad sea un hecho percibido conscientemente. Las sonatas y sinfonías clásicas, al hablar de planos temáticos, de secciones de transición y desarrollo, así como de desarrollos propiamente dichos, hablan en tres lenguajes diferentes. Esas diferencias de lenguaje no eran todavía tan grandes en el barroco, en el romanticismo se verán cada vez más encubiertas por el hecho de que el lenguaje musical pierde en él el escueto espacio cadencial, por considerarlo agotado.

La sección que sigue al primer tema de los movimientos en forma de sonata, sección que a menudo empieza repitiendo el material del tema expuesto, para desarrollarlo, fragmentarlo y disolverlo hasta hacer de él un movimiento anónimo impulsante que prepara la entrada del segundo tema, ejerce la tarea armónica de la modulación. La meta acostumbrada en el modo mayor es → d; en el menor, → t P.

Las modulaciones enfocadas hacia un objetivo son otra cosa que la labor modulatoria de los desarrollos, que se podrían caracterizar más como un *alejamiento de* que como una *evitación de*. Téngase en cuenta que las técnicas son también tan diferentes como los respectivos objetivos.

MODULACIONES AL SEGUNDO TEMA

El camino más sencillo, aunque no es nada frecuente en la literatura, es el que sigue el Cuarteto «Emperador», opus 76, 3 de Haydn (compases 12-13):

Do mayor: T   D   D
Sol mayor: T   D   T

La semicadencia sobre la dominante, tomada de nuevo tras la pausa general, se convierte en la nueva tónica, o diríamos mejor, va a convertirse, porque tiene que pasar primero por la estabilización a través de su dominante, que la hará verosímil. En casi todos los casos esto ocurre antes, al preceder la Ð a la D, aunque sólo sea en una breve transición, como en la Sinfonía «Júpiter», KV 551 de Mozart (compases 35-37):

La entrada de la tonalidad de la dominante precedida por la tónica en forma de T^6, es especialmente concluyente para quien escucha. Este intervalo, característico de la función de subdominante, hace que percibamos ya a la T como la s^6 de la tonalidad de la dominante.

Presentamos aquí como ejemplo la Sinfonía número 104 de Haydn (compases 34-36 o bien 50-53, si se cuenta la introducción):

Parecido es el pasaje de la Sonata para piano de Mozart en Si bemol mayor, KV 333:

Para la simple confirmación de la D como nueva T basta su D respectiva. Pero con frecuencia, antes de alcanzar la tonalidad de meta, se prolonga el desarrollo de la transición sobre su dominante, que a ese fin, por otra parte, inserta entonces su D.

He aquí la representación esquemática:

Do mayor: T
Sol mayor:

Como ejemplo al respecto, la Sinfonía «Haffner» de Mozart (compases 41-48):

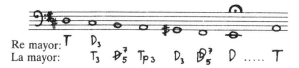

Re mayor:
La mayor:

En la mayoría de los casos, los clásicos siguen la vía modulante a través de la Tp. Ésta es a la vez la Sp de la tonalidad de meta. Desde aquí un doble salto de quinta descendente nos lleva al objetivo de la modulación:

Hay varias versiones al respecto. En la Sinfonía número 103 de Haydn vemos en los compases 58-64:

Mi bemol mayor:
Si bemol mayor:

Si bemol mayor es, primero, semicadencia sobre la dominante y, finalmente, nueva tónica. El cuarto compás, escuchado desde su origen, parece ser un do menor sobre la tercera. Pero, si se ha percibido toda la transición, podría ser concebido también a posteriori como una S^6 formada sobre *Mi bemol* camino hacia Si bemol.

He aquí un fragmento de la Sinfonía «Linz» de Mozart, KV 425, desde el compás 47:

$$D_3\,T_3\,T_p\,\overset{7}{\cancel{D}_3}\,D$$
$$D_3^7\,T\,(D_3^7)\,Sp\,D_3^7\,T$$

La Sinfonía en Mi bemol mayor de Mozart, KV 543, transcurre así a partir del compás 71:

$$T\,(\overset{v}{D}_5^{})\,T_{p_3}\,\overset{}{\cancel{D}_7}$$
$$S^6\,D_7\,T_3\,\overset{7}{\cancel{D}_5}\,\overset{\frown}{D}\,T$$

También aquí —y si se sabe adónde se va— el acorde de séptima de la Tp puede oírse también, a posteriori, como la S^6 de la tonalidad final. Haydn, de modo muy original, sigue en su Sinfonía 94 (compases 29 al 68) la misma ruta a través de la Tp repetida dos veces, permitiéndose entonces la sorpresa de introducir brevemente, en vez de la esperada dominante en modo mayor, su variante en modo menor:

$$T\,T_p\,\cancel{D}^7 D\,—^7 T\,T_p\,\cancel{D}_3^7$$
$$D_3^7\,T\,T_p\,S^{\frac{6}{5}}\,\cancel{D}_3^7\,D\,\cancel{D}_3^7\,\overset{\frown}{D}\,t!\,D\,T$$

Una modulación a la tonalidad de la dominante, estructurada y afirmada sólidamente con la ayuda de su $\cancel{D}$ y su D, puede permitirse, tras una breve dominante intermedia, transitar la antigua T, percibida ahora incuestionablemente como la S de la nueva tonalidad. Así hace Haydn en su Sinfonía 102 (compases 46-58):

$$T(D_{5\,1}^7)\,T_p(D_5^7)\,T_{p_3}(D_3^7)\,\cancel{D}_3^7\,D$$
$$\|:D_3^7\,T\,D_5^7\,T_3:\|(D_3^7)\,S(\overset{v}{D})\,S_p\,\cancel{D}D\,{}'\,D\,T$$

2.º tema

Observemos cómo Beethoven se suma a esa técnica modulatoria, por ejemplo en su Sonata para cello opus 102, 2 (compases 18-63):

$$T\,D^7\,T_p\,(D^7)\,T_p\,\cancel{D}^7\,D$$
$$S_p\,D^7\,T$$

La sinfonía número 101 de Haydn empieza por renegar de la cadencia escueta que había determinado el devenir de los primeros 40 compases. Tras una semicadencia en la dominante, vuelve a entrar el tema principal que nos conduce enseguida al ámbito de la Sp que, apuntalada por su cadencia, recorrerá de nuevo, a través de la T y la Tp, la vía modulatoria de costumbre:

$$\overset{\frown}{D}\ (\overset{v}{D}{}_3^{})Sp_3\ (\jmath D^7)Sp\underline{\overset{(D)Sp}{}}D_3^7\,T\underline{}D^7\,T_{87}Tp_{87}\,\overset{\cdot}{D}{}_3^7$$
$$D_3^7TS\,{}^6({}^{}D^7)D.....T$$

Como se describió en el anterior capítulo, el clasicismo no cambió en absoluto el aspecto de gran inestabilidad tonal característico del modo menor respecto del mayor. No es precisa una gran fantasía modulatoria para, partiendo de una t, ir a parar a la tP: porque su dominante, que tendría que haber procurado una modulación para introducir la nueva tonalidad, pertenece ya como dP al más íntimo ámbito de la cadencia.

En las sonatas y sinfonías en modo menor tenemos problemas inversos: no es difícil el proceso de modulación, lo difícil es, al establecer un tema, permanecer por encima de todo en el menor.

El primer tema de la Sonata para piano en mi menor, opus 90 de Beethoven, nos indica con bastante claridad lo que le puede ocurrir a uno en el modo menor: con la t dP tP se ha alcanzado ya en el cuarto compás lo que habría tenido que ocurrir 40 compases más tarde debiéndose así modular de nuevo a la t. (Aquí, a Beethoven, en este movimiento, no le ha *ocurrido* nada al anticipar la tonalidad del segundo tema, pues la pone, como en algunos de sus movimientos en modo menor, en la dominante menor, si menor.)

La *sinfonía en sol menor* (núm. 40), KV 550 mantiene la exposición del primer tema dentro de la cadencia, tomando al comenzar de nuevo el camino directo, después de una semicadencia en la dominante:

sol menor: t
Si bemol mayor: S_5^6 Sp^7 D^7

En su Sonata para piano en la menor KV 310 (compases 9-22) Mozart elige el camino más largo a través de Fa mayor, re menor, La mayor, Re mayor y Sol mayor. Al llegar a la dominante —objetivo de la modulación— cambia incluso al acorde de cuarta y sexta de do menor, a fin de proporcionar al segundo tema un acorde en Do mayor no utilizado aún:

en la menor: $t \stackrel{D^7}{\underline{\hspace{0.3cm}}} t(D_5^7)tG\,s$

en re menor: $\qquad t\,D_5^7\,T$

en Do mayor: $\qquad\qquad D\,D_3^7\,T\,T\rho S\,{}^6 D_3^7\,D\stackrel{t\,D\,t}{\underline{\hspace{0.4cm}}}D\,.....\,T$

También el tema en la menor de la Sonata para violín opus 47 *Kreutzer* de Beethoven, se afirma ya en el noveno compás con un calderón en la tP. Sin embargo, tras la repetición del tema modulante aparece un gran plano compuesto en el ámbito de la tónica menor. La modulación sigue después a través de muchos grados, pasando por tonalidades entre un ♭ y seis ♯ (re menor, Do mayor, la menor, Sol mayor, mi menor, La mayor, Si mayor, Fa sostenido mayor), y reservándose con ponderación lo que va a ser la meta de la modulación: la tonalidad dominante mayor, Mi mayor:

en la menor: $t(S_3\,D_3^7)tP(D_3^7)sD_3^7\,dD^7d_3$

en Mi mayor: $\qquad\qquad t_3\,s\,D\,D\|\colon t\,D^v\,D\colon\|\,T$

LA MODULACIÓN EN EL DESARROLLO

El camino modulante, que apunta hacia el segundo tema, trata de convencer. El desarrollo, en cambio, trata de sorprender.

Carece de objetivo preestablecido. El compositor abre las puertas a un espacio libre armónico de una amplitud sorprendente, ilimitada. La dominante de la tonalidad principal, que se aborda por último en la reexposición, no es buscada y alcanzada sino al final; en manera alguna el compositor la tiene presente durante todo el desarrollo.

Ningún sistema de enseñanza de la armonía ha penetrado hasta ahora en las modulaciones del desarrollo, pues cualquier ejercicio decía: «Modula (con la mayor rapidez posible) de ... a ...». En cambio, el ejercicio que el compositor se había planteado personalmente decía escuetamente: «¡Modula! Conduce libremente y permanece durante un tiempo considerable en un ámbito sin centro tonal».

Además, un desarrollo clásico apenas omite el recurso que, al menos en algún punto, estimule la inquietud en el oyente atento.

Recurso número 1. La imaginación del oyente, que por así decirlo está componiendo mientras escucha, sometida a semejante apremio, no tendría la menor idea de cómo volver a orientarse en tan poco tiempo.

Recurso número 2. Los giros inesperados dejan imposibilitado al oyente para seguir «taquigrafiando» espiritualmente el proceso armónico: abrumado por sorpresa, no sabe ya dónde está.

Una sistemática de lo sorpresivo sería en sí misma una contradicción. Cien sonatas y sinfonías nos llevan por un mismo camino al segundo tema, pero cada desarrollo bien logrado en sí es un caso único. Lo que muchos tienen en común es solamente una tendencia general a la articulación:

Tonalidad del fin de la exposición, tranquilamente expandida.

Comienzo del proceso de la modulación.

Aceleración creciente.

Progresiones indefinibles.

Apaciguamiento del tempo de acción armónico y enderezamiento del camino rumbo a la D⁷ de la tonalidad principal.

A fin de poder comentar el mayor número posible de ejemplos, nos permitiremos escribirlos en forma de extracto y comentar detalles puntualmente.

Mozart, Sonata para piano en Fa mayor, KV 332:

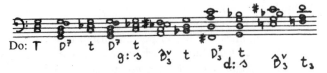

Cambio de especie T t, suavizado por el enlace de una dominante común. Después, simples cambios de significado de la función (la t de do menor funciona como una s de sol menor, etc.).

Mozart, Sonata para piano en Do mayor, KV 279:

Cambio de especie inesperado, como sorpresa, al comienzo del desarrollo. Más adelante: un acorde de sexta mayor cambia su significado en s^n.

Haydn, Cuarteto para cuerdas opus 74, 3:

Cambio de especie: un acorde menor se vuelve mayor y se convierte en acorde de séptima de dominante.

Haydn, Cuarteto para cuerdas opus 76, 3:

Ambigüedad de una tríada reducida a dos notas. El *Si* y el *Re*, tercera y quinta de Sol mayor, se convierten en quinta y séptima de una D^7 en *Mi*.

Haydn, Cuarteto para cuerdas Opus 74, 3:

Procedimiento similar: el acorde de dos sonidos *Do-Mi bemol* (complemento sugerible *Sol*) se edifica sobre *La bemol* como nueva fundamental.

Haydn, Sinfonía 104:

Cambio de especie de Mi mayor a mi menor. Reducido éste luego al acorde de dos sonidos *Mi-Sol*, complementado por la nueva fundamental *Do*.

Haydn, Sinfonía 103:

Reducción armónica a una nota, cuya ambigüedad naturalmente es mayor que la de un acorde de dos sonidos. La nota fundamental de Do mayor se convierte en tercera de La bemol mayor. Obsérvese la prolongada espera. (¿Para olvidar? ¿Para crear tensión?)

Haydn, Sinfonía 102:

¡Importante confusión! Reducción armónica, igualmente, a una sola nota. Después, falta de claridad en el segundo compás. ¿Progresión? ¿Así pues, *La sostenido* como sensible de *Si*? El tercer compás indica que esa suposición era falsa: se trata de una nota de paso cromática. Pero ¿qué papel va a desempeñar la nota de resolución *Do*? Respuesta: la tercera de *La bemol*. Rectificación en el compás 4: ¡Do es la quinta de fa menor!

Compárese la adopción de esta táctica desconcertante en el Rondó en Do mayor para piano opus 51, número 1 de Beethoven:

Hallamos en Beethoven muchos ejemplos de *modulación por unísono*. En la mayoría de los casos, un unísono por semitono conduce a la nueva tonalidad.

Veamos ahora un ejemplo de su Cuarteto para cuerdas opus 18, número 1. Los cuatro instrumentos van al unísono:

Véase también la Sinfonía 98 de Haydn, compases 139-142: Re mayor, unísono *Re-Mi bemol*, nueva tonalidad Mi bemol mayor.

La curiosa notación del compás 190 de la Sinfonía 101 de Haydn —interesante descuido— atestigua lo poco claro que resulta el momento preciso del cambio de tonalidad (el compositor piensa por anticipado, el oyente comprende a posteriori, ¿qué es lo que se debe escribir?):

ACORDES ALTERADOS

Antes de la discusión sobre posteriores ejemplos, digamos algo sobre los acordes alterados que tan a menudo aparecen en el período clásico.

Alterar es lo mismo que cambiar. Alterar hacia arriba (hacia abajo) implica una elevación (descenso) de una nota, manteniendo, sin embargo, la función del acorde.

Las alteraciones más conocidas son:

Las notas alteradas están situadas generalmente en el movimiento direccional de la voz exterior.

Una alteración de especial importancia: la creación de una sensible adicional en el camino hacia la D.

Proceso de *construcción* de este acorde:

Proceso en sentido inverso de análisis de este acorde:

(Obsérvese: $S_5^{6<}$ y $D_{3>}^{v}$ suenan como un acorde de séptima de dominante.)

Cuando estas estructuras se forman por movimiento cromático a partir de la forma fundamental supuesta del acorde, se les percibe como acordes alterados en el sentido de la clasificación dada. Las cosas se ponen más difíciles al oyente (y es más cuestionable la clasificación de la función), cuando la nota que calificamos de alterada ha sido antes componente de un acorde sin alteración.

El Cuarteto para cuerdas opus 74, número 3 de Haydn presenta en los compases 94-96:

¿*La bemol*, que primero fue nota fundamental de La bemol mayor, debería llamarse *propiamente La* en el segundo acorde? ¿No sería también *Fa sostenido* creíble como alteración elevada de Fa? (No se deberían tomar aquí decisiones definitivas de ningún tipo, «o blanco o negro»: porque la ambigüedad identifica a los compositores que se enfrentan a un desarrollo.)

Algo similar le ocurre a Mozart en el Cuarteto para cuerdas KV 464 (compases 29-33 de la exposición; todos los demás ejemplos están tomados de desarrollos):

La voz intermedia se mueve entre voces exteriores inmóviles. Esto dificulta la creencia de que el último *Do* sea un componente alterado de un *Fa sostenido-La sostenido-Do sostenido-Mi* propiamente dicho: $\not{D}^7_{5>}$ D.

He aquí dos ejemplos idénticos, exceptuando las tesituras de las voces, del acorde de séptima disminuida con una sensible adicional hacia la dominante.

Mozart, Sonata para piano   Sonata para piano
en Fa mayor, KV 533   en la menor, KV 310

Similar en Haydn, Sinfonía 104, compases 154-158

El desarrollo de la Sinfonía 103 de Haydn, compases 136-138, nos presenta otra posibilidad de alteración. La fundamental del acorde de séptima de la dominante de Re bemol mayor sufre una alteración hacia arriba. Se produce entonces un acorde de séptima disminuida sobre el *La* que, en forma de 'D^V', conduce a Mi bemol mayor. La sorpresa es perfecta, porque ese mismo movimiento de semitono en el bajo había sido antes una *inofensiva* bordadura:

Otra posibilidad de obtener un acorde de séptima disminuida a partir de un acorde de D^7 nos la presenta la Sonata para piano en Re mayor KV 576 de Mozart. Aquí descienden las tres voces superiores, mientras permanece inmóvil el bajo.

Enseguida queda clara la función del acorde resultante de séptima disminuida. Una de las cuatro notas desciende por movimiento de semitono. Vuelve a producirse, así, un acorde de séptima de dominante, que alcanza enseguida su objetivo, mi menor:

Extracto armónico:

Si/si: D^7 Mi/mi: $\mathcal{D}^V$ D^7

Veamos una explicación fundamental del último ejemplo: Cada una de las cuatro notas de un acorde de séptima disminuida puede convertirse en sensible de una nueva tónica. La notación de un compositor que la escriba correctamente, hace ya legible la meta de la resolución, pero audible (audible por anticipado) no lo es desde luego todavía.

También al oyente podrá hacerse evidente la resolución mediante el movimiento de semitono de una voz, cuando éste hace que una D^7 se convierta en un claro acorde funcional:

Objetivo: Re   Fa   Si   Sol   La
                                             sostenido   bemol

t_3 $\mathcal{D}^V_7$ $\mathcal{D}^V_{5>}$ D

También el ejemplo siguiente, tomado de la pequeña Sonata para piano en Fa mayor en dos movimientos de Mozart, muestra la misma tendencia a la *legitimación de la sensible* mediante unos encadenamientos a los que nos parece casi imposible atribuir un carácter funcional:

re: t D d
Fa: T_3 $\mathcal{D}^V_3$ $\hat{t}$ D^7_3

Como es natural, el cifrado de funciones puede permitirse todavía semejantes tareas, pero al sentido musical, es decir, *a aquello que percibe el oyente,* le va a costar aceptarla. En la consumada tarea de la clasificación de funciones acecha el peligro de desangelar los hechos excitantes. Un reportaje microfónico del pasaje inmediatamente anterior vendría a ser algo así como: «Voz superior: *Re, Do sostenido, ¡Do! Do sostenido. ¡No! ¡Re bemol! Do».*

También el oyente se siente desorientado en la Sonata para piano en Fa mayor, KV 280 de Mozart. El acorde de séptima disminuida, referido a La mayor, nos suena *Sol sostenido-Si-Re-Fa.* Pero en el tercer compás se da uno cuenta de que ha sido interpretado como *Si-Re-Fa-La bemol,* referido a Do mayor.

En el siguiente pasaje (Mozart, Sonata para piano en la menor, KV 310) a Do mayor sigue un acorde de séptima disminuida erigido sobre *Mi,* que se queda sin alcanzar la meta (Fa mayor como acorde de cuarta y sexta), para desenmascararse en cambio como una simple formación de retardo del acorde de séptima de dominante sobre *Do.* Éste sufre a continuación un *cambio enarmónico* (*Si bemol* por *La sostenido*) y la nueva meta, Si mayor, se concibe entonces como dominante de *Mi,* puesto que el último giro armónico es usual como introducción de una nueva dominante.

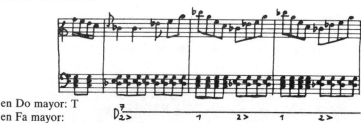

en Do mayor: T
en Fa mayor:

Los tres ejemplos siguientes, tomados de sonatas para piano de Mozart reproducidas sencillamente en forma de extracto armónico, nos ponen de manifiesto que el cromatismo, como legitimación de la sensible en los enlaces de los acordes, elude las tríadas estables en modo mayor y prefiere incluir este material en su forma debilitada como acorde de sexta. *Do-Mi-Sol* es demasiado fuerte, y se resiste a convertirse en elemento de ·una continuada cadena de acordes. En cambio, *Mi-Sol-Do flota en suspenso* en Do mayor y funciona al mismo tiempo como s[n] en Si mayor o en si menor.

Sonata en Re mayor, KV 284:

Sonata en Do mayor, KV 309:

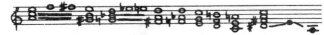

Sonata en Re mayor, KV 576:

LA ARMONÍA EN LAS INTRODUCCIONES LENTAS

Los procesos armónicos que observamos en las introducciones de las grandes sinfonías o sonatas no son más complicados, sino de otro tipo. Aunque los temas clásicos difícilmente desafían ya al instrumental de la teoría de las funciones, y en los desarrollos clásicos la interpretación funcional alcanza en muchas ocasiones el límite mismo de su competencia, podemos en cambio declararla apropiada, muy especialmente, en el caso de secciones de la introducción. El oyente de una introducción clásica tardía se acerca a un edificio de impresionantes dimensiones espaciales; muchas puertas se le abren y ninguna vuelve a cerrársele. Es una promesa; una tentación, pero no aún una consumación. Es un indicio de la importancia y el formato de los hechos que se avecinan.

Cualquiera que sea el intento de traducir en palabras el especial carácter de una introducción, en el fondo ocurre lo siguiente: se trata de establecer la intocable soberanía de un tono central. Y al hacerlo surge en nosotros la impresión de la amplitud del terreno por él dominado, debido sobre todo a su capacidad para disponer del modo mayor y del menor. Ese tono es T y t y domina por lo mismo tanto Tp Sp Dp como tP sP dP, admitiendo a su vez la versión mayor y menor de esas funciones. Pero todo ello concibiendo siempre al tono fundamental de la obra como un centro indiscutible, aunque ampliado hasta los límites mismos que permite la fuerza centrípeta.

El compositor hace posible esa impresión auditiva a base de pasar varias veces por la inmediata cercanía de la T (o la t), reconociendo de esa manera su poder de soberana. La habilidad radica en que aquélla no vuelve a sonar hasta la semicadencia final sobre la dominante. Es un arte de rodeos y atajos, de pedales, semicadencia y cadencias evitadas, de procesos cadenciales que nunca terminan de cerrar la cadencia.

En este punto, la clasificación de las funciones, completada en esta forma por Wilhelm Maler, necesita todo su instrumental.

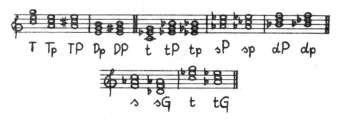

(sG = *Contraacorde mayor de la subdominante menor;* máxima complicación terminológica aunque fácil de retener. Lo mejor es pronunciarla como se escribe: *ese minúscula, G mayúscula.*)

He aquí el proceso armónico de la introducción de la *Sinfonía Linz* de Mozart, en Do mayor, KV 425:

$$T^6 \mid D_3 \mid (D_7) \mid S_3 \mid T_5 \mid S^6 \mid T_3 t_3 \mid D^7 \mid D^7 \mid (D^7) \mid \curlywedge \mid$$
$$sG \mid D_3^7 \mid {}^{*)} t D \mid {}^{*)} tG \mid D^7_{1\,3} T t \mid D^7_{1\,3} T t \mid D \; D^v \mid D \parallel$$

---

* Estos puntos nos indican muy claramente cómo es eludida la T sin que por ello sufra merma su derecho de soberanía.

Otra posibilidad: La Sinfonía en Si bemol mayor, número 102, de Haydn: Se expone la tonalidad. Al principio se abre hacia la dominante. Sigue una nueva apertura de uno de los reinos vasallos de la t:

$$\hat{T}\!\!-\!\!|S\ |\ D_3^7\ T\ |S_3\ |\ D^{\underset{4}{6}5}\ |\ \hat{T}\ |(D_{53}^{7}\!\!-\!\!|_1)\ T_p\ D^7\ |\ D\ |$$

$$t\ |\ D_3^7\ |(S_3\ D_5^7\ |\ D)\ |t\ P_5\ |\ D_7^{9>8}\ |\ t\!\!D^v\ |\ :D^{5\ 6}_{3\ 4}:\ |\ D$$

(tP = relativo mayor del si bemol menor = Re bemol mayor.)

Muchas introducciones de sinfonías en mayor empiezan sin más en modo menor, con lo que consiguen ahorrar la tónica hasta el comienzo del movimiento rápido.

Obsérvese esto, por ejemplo, en la Sinfonía en Re mayor, número 101, *El reloj*, de Haydn:

$$t\!\!-\!\!|D_3^7\ |\ \hat{D}\!\!-\!\!|\!\!-\!\!|\!\!\ t\!D_3^v\ |D^{65}_{43}(\!D_3^v)\ |S(D_5^7\ |T^{43}\ t\!D_3^v\ |$$

$$D^{6\ 7}_{4\ 3})\ |t\ P\ |D^7\ |t\ |D^7\!\!-\!\!t\ |D^7\ |t_3(\!D^v)\ |s\!D^v\ |D\ |t\!D_{3>}^v\ |D\!\!-\!\!\|$$

* Esta T no es la tónica en Re mayor: el entreparéntesis entero se refiere al acorde tP = Fa mayor que le sigue. Por lo tanto, la T situada dentro del paréntesis es una tónica referida a Fa mayor.

⌞ ＿ ＿ ＿ ＿ ＿ ⌟ = Toda esta sección podría estar clasificada también como (D$_5^7$) tP^{43} (^{t}D$_3^v$ D$_{43}^{657}$) tP, pero creo que tiene más sentido *un* solo paréntesis para *una* relación tonal.

Ejercicios. De la exposición precedente de armonía clásica se deduce la falta de sentido que tendría poner ejercicios de composición en este capítulo. La melodía temática y la armonía del desarrollo (mejor dicho, la técnica de desarrollo, teniendo más importancia en este caso el *modo de hacer* de las modulaciones que la simple serie de grados correspondiente) se convierten en logros artísticos individuales. Querer imitar la composición sería una vana presunción y muy escasa la utilidad de las copias estilísticas respectivas.

Es en cambio muy útil y no poco estimulante el análisis armónico de las obras clásicas, si se tiene en cuenta constantemente al hacerlo el aspecto formal. Ese análisis deberá efectuarse a la vista de la presentación dada del material: como confirmación de la misma, su complemento (descubrir otros procedimientos de modulación) o su corrección crítica. Hacer una clasificación completa de las funciones existentes en un movimiento entero es una estupidez y, por mucho que uno se aplique, pura pereza intelectiva. Vale más que uno mismo se conteste las preguntas siguientes:

¿Cómo es de estable el primer tema en su armonía?

¿Va dirigida la modulación hacia el segundo tema? ¿Da rodeos o presenta ya rasgos de un *desarreglo en el desarrollo*?

¿Domina en la exposición, como sería de esperar, la D y en segundo lugar la T (dado que el segundo tema y el grupo conclusivo están determinados desde luego por la D) o está poco claro el orden de prioridades debido a inclusiones modulatorias?

¿Hay planos de reposo en el desarrollo? Si los hay, ¿dónde están? (probablemente al principio y al fin).

¿Cómo se desarrolla el tiempo de acción armónica en el desarrollo?

¿Qué vías están funcionalmente claras? ¿Cuáles se ven legitimadas por la sensible? Etcétera.

La clasificación de las funciones debe explicar tanto los acordes por separado como, sobre todo, el conjunto de los pasos. Veamos como ejemplo, en este sentido, los compases 9-15 del primer movimiento de la Sonata para piano en do sostenido menor, opus 27, número 2, de Beethoven:

La clasificación que aquí aparece explica en conjunto los acordes, pero deja sin analizar los dos pasos decisivos. ¿Con qué cuidado o hasta qué punto repentinamente se hace el cambio del ámbito de do sostenido menor al de Do mayor y por último, al de si menor? Respuesta: el segundo acorde estaría ya clasificado en la tonalidad de Do como Tg y el cuarto acorde en el sistema de si menor como sG y por esa razón se habrían dado ya en esa soldadura la clasificación antigua y la nueva de un acorde.

La invención de vías propias de modulación tiene únicamente sentido en el caso de la *armonía de las introducciones lentas*. No se debería dar aquí como ejercicio otra cosa que el número de compases. Una introducción de cinco compases adopta un curso diferente que el de una de 30, que exige ya un máximo refinamiento de la disposición (porque hay que llegar también oportunamente y con seguridad a la D^7).

Quien se halle en condiciones para ello, puede tratar de esbozar introducciones *en forma de reducción para piano*, pero desde luego nada de composición *estricta* a cuatro voces. Otra posibilidad: escribir la voz superior y la del bajo, pudiendo convertirse la primera también en dos voces alternantes.

Se observará que la fantasía sigue otros caminos si primero se fija el proceso de las funciones, continuando luego por la reducción para piano, y escribiendo entonces palmo a palmo en la clasificación funcional lo imaginado según la marcha de las notas.

SCHUBERT-BEETHOVEN (1800-1828)

<small>CORRESPONDENCIA DE TERCERA</small>

El empleo del término *mediante* para los acordes situados *en el medio* (la distancia de quinta) no es unívoco. O se tienen en cuenta todas las correspondencias de tercera, o sea, en Do mayor: La mayor/menor, La bemol mayor/menor, Mi bemol mayor/menor y Mi mayor/menor, o se distingue entre *acordes relativos* (respecto de T: Tp y Tg; de t: tP y tG) y *mediantes*, entendiéndose entonces por tales sólo aquellas correspondencias de tercera que no sean acordes relativos.

Propongo eludir el término *mediante* y especificar con precisión el grado de relación.

1. *Acordes relativos.* Dos notas en común. Respecto de T (Do mayor), Tp (la menor) y Tg (mi menor); y de t (do menor), tP (Mi bemol mayor) y tG (La bemol mayor).

2. *Acordes relativos de la variante* (la denominación de *variante* para el acorde de la otra especie situado sobre la misma nota fundamental procede de Riemann). Una nota en común. Respecto de T (Do mayor), las paralelas de t (do menor); respecto de t (do menor), las paralelas de T (Do mayor).

3. *Variantes de los acordes relativos.* Una nota en común. Respecto de T (Do mayor) los relativos convertidos en mayor, TP (La mayor) y TG (Mi mayor); y de t (do menor) los relativos convertidos en menor, tp (mi bemol menor) y tg (la bemol menor).

4. *Variantes de los acordes relativos de la variante.* Ninguna nota en común. Respecto de T (Do mayor), las variantes de los acordes relativos de t (do menor): tp (mi bemol menor) y tg (la bemol menor); y de t (do menor), las variantes de los acordes relativos de T (Do mayor): TP (La mayor) y TG (Mi mayor).

Correspondencia de quinta-correspondencia de tercera: la semejanza de estas clasificaciones de uso general nos inclina a creer que en el caso de las relaciones de tercera se trataría también de un material de construcción armónica, por así decirlo, anónimo y disponible en general. Pero, para empezar, las relaciones de tercera siguen siendo también en el romanticismo enlaces mucho más infrecuentes que los de dominantes; es decir, son algo especial. En segundo lugar, en el empleo de acordes en correspondencia de tercera predominan los rasgos individuales de los distintos compositores y de diferentes situaciones compositivas. Digamos que «se emplea» una serie D-T; pero una serie de acordes en correspondencia de tercera hay que inventarla.

Ya en el barroco pudimos comprobar la existencia de ciertos aspectos individuales en el empleo del material armónico (multitud de progresiones con descenso de quinta en Vivaldi; cadencias de S-T en Händel, y dominantes intermedias como especialidad de Bach). Pero ahora no podemos limitarnos ya a hablar del empleo individual de los materiales. La armonía, otrora un simple instrumento artesanal, va convirtiéndose poco a poco —y después cada vez más— en un ámbito de la inspiración, en objeto propio de la invención. Sería, por lo tanto, un contrasentido que nos pusiésemos a explicar ahora distintas series de acordes como material a secas; tenemos que observar el sinnúmero de posibilidades existentes en situaciones concretas de composición.

1. *La gran distancia:* el desarrollo de la Sinfonía *Haffner* en Re mayor, KV 385 de Mozart empieza en La mayor, se vuelve hacia Re mayor sobre un *La* mantenido de los bajos y permanece durante diez compases en una tríada semicadencial en La mayor. Pausa. Una doble sorpresa en la nueva entrada. Primero: un forte del tutti tras el piano precedente. Después: la tonalidad de Fa sostenido mayor.

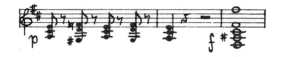

El *Fa sostenido* sigue siendo el centro del resto del desarrollo, que termina desembocando mediante un múltiple descenso de quinta a través de *Si, Mi* y *La* en la reexposición en Re mayor. El *La-Fa sostenido* no es aquí una correspondencia de tercera, todo lo contrario. El nuevo acorde en Fa sostenido mayor adherido a la esperada tercera de la tónica Fa sostenido es sorpresa, lejanía, apartamiento.

2. La *correspondencia de tercera condicionada por la estructura:* la Sonata para piano en Sol mayor, op. 31, número 1, de Beethoven, aparecida veintiún años después (1803) nos muestra una situación muy cambiada. Primer movimiento: un adornado curso descendente de la escala de Sol mayor. Rítmicos batidos de la tónica. La cadencia final del tema modula, en la conocida manera, de una *modulación en Tp* hacia el *segundo tema* en la tonalidad de la dominante:

Sol: T Tp
Re: Sp D$_{43}^{65}$ T

Compás 12: sorprendente repetición del tema en Fa mayor. Doble subdominante $\overset{S}{S}$ del Sol mayor o, en la situación momentánea, Re mayor → Fa mayor: *acorde relativo de la variante*. Conclusión de una repetición exacta del tema en la tonalidad de la dominante de Fa mayor, Do mayor. Vuelven a añadirse los compases escindidos de la modulación que conducen ahora desde Do mayor hacia la nueva tónica Sol mayor. Una figuración continua en unísono, obtenida del adornado curso de la escala, confirma Sol mayor y concluye en la semicadencia sobre la dominante, compás 45. Nueva entrada del tema en Sol mayor, si bien la modulación sigue otro camino, igual de rápido, pero más amplio:

Sol mayor   T   Tp
Si mayor/menor   s D, s$_3$ $\overset{D^7}{D_5}$ D

Queda confuso si se está preparando Si mayor o si menor. De hecho, llega el segundo tema en el compás 66 en Si mayor para repetirse acto seguido en si menor. Parecido es el grupo final: primero en si menor, después en Si mayor, para volver a concluir en si menor.

Considero el Fa mayor después del Re mayor del compás 12 como *alejado*, como sorpresivo en el contexto del ejemplo de la sinfonía Haffner. Pero ¿qué significa el Si mayor del segundo tema en esta sonata en Sol mayor? ¿Lejanía o proximidad? Me pregunto adónde debía haber moculado Beethoven a partir del compás 52 una vez que el primer tema hubiese cadenciado en Sol mayor, Re mayor, Fa mayor y Do mayor. El atractivo de lo nuevo —la tonalidad de la dominante Re mayor— podría estar ya agotado por ese motivo, necesitándose, entonces, un camino más dilatado que brindara al oyente la sensación de un nuevo panorama armónico en el segundo tema.

La respuesta, por lo tanto, Si mayor/menor es una tonalidad en correspondencia de Fa-Do-Sol-Re mayor. La posición del segundo tema es la consecuencia de la penetración de fuerzas modulantes en el primer tema. Sol mayor-Si mayor es aquí una correspondencia, una correspondencia de tercera condicionada por la estructura.

3. *Cambio de color de una nota central (melodía de una nota mantenida):* Schubert, Quinteto para cuerdas en Do mayor, op. 163, D 956 primer movimiento. La transición al segundo tema termina, con D $\overset{tD^V}{D}$ D, con golpes de acordes en tutti en los compases 57/58. Armó-

nicamente llevado por un pizzicato de la viola —los violines se limitan a esbozar el acorde en los tiempos débiles—, el primer cello, acompañado por el legato del segundo sobre todo en terceras y sextas, canta una melodía extrañamente angosta en una tesitura aguda —siempre sin cesar las mismas notas— que es repetida a continuación por el primer violín. Asombrosa preponderancia de la nota *Sol*.

Si sumamos los valores separados, ese *Sol* es en los compases 58 al 81 (24 compases) la nota de la melodía durante 56 negras; esto supondría, pegadas unas a otras, 14 compases, más de la mitad de toda la melodía. Pues bien, esa melodía tan pobre en movimiento, de tal manera encadenada a una nota central, constituye para muchos amigos de la música de cámara la quintaesencia de la melodía, de la amplitud y profundidad de la expresión. Nadie se resiente por la estrechez del espacio tonal, nadie percibe un desgaste de la nota central; ¿por qué? Ese *Sol* es en el compás 58 una octava de Sol mayor y se convierte en el compás 60 en una tercera de Mi bemol mayor. En el compás 65 el *Sol* vuelve a ser la octava de Sol mayor, alcanzado, a través de fa menor, como semicadencia de dominante de la tonalidad paralela do menor. El *Sol* vuelve a ser tercera de Mi bemol en los compases 66 al 70 para convertirse en el compás 71 en quinta de Do mayor. Modulación a la dominante de esta tonalidad: en el compás 79 se alcanza Sol mayor. Como al principio: en el compás 81 *Sol* aparece como tercera de Mi bemol mayor.

Esquema armónico de este pasaje:

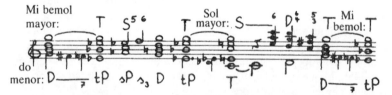

Todas las transformaciones de acordes situadas bajo el *Sol* mantenido son transformaciones de tercera; la sencilla relación D-T (Sol-Do mayor) no ha llegado a emplearse. El *Sol* aparece expuesto una y otra vez de nueva manera como centro de la melodía. Es una nota mantenida. En ella la melodía se eleva hacia la quinta (de *Do*), alcanza el fundamento seguro (Sol mayor) y flota en suspenso hacia la delicada tercera (de Mi bemol mayor): es un movimiento melódico sin camino. La transformación del fundamento de los acordes crea la impresión de una gran amplitud espacial melódica y es percibida incluso como un acontecimiento melódico.

4. *Ruptura y 5 tónica con una perspectiva ampliada:* dos veces Mi bemol mayor-Do bemol mayor en la exposición del último movimiento de la cuarta sinfonía de un Franz Schubert de diecinueve años. Tonalidad, do menor.

Cuatro compases de introducción. Sigue un tema en allegro de dieciséis compases no muy alejado de Haydn. Armonía escueta, s^n D tG como hecho más acusado. Repetición con modulación hacia la tP Mi bemol mayor. Una amable melodía de unión a partir del compás 33, regreso al primer tema, de nuevo en do menor. (Como tantas veces en Schubert: un tema en forma de lied A-B-A cerrado en sí mismo.) Terminan los hechos melódicos en el compás 63, sección de transición y modulación (D^V repetidas veces como medio de modulación). Segundo tema a partir del compás 85. Más rico armónicamente que el primero, aunque tampoco hay en él ningún medio inhabitual. Grupo conclusivo en el compás 129, claramente referido al primer tema (♩♫♫). Una simple fórmula repetida T T D D de cuatro compases en Mi bemol. Y entonces, en la tercera entrada, la catástrofe: sin previo aviso se ve el oyente lanzado al alejado Do bemol mayor. Ruptura, sin previa preparación armónica. Posibilitada, tal vez legitimada, por la acumulada fuerza de un movimiento de corcheas que durante todo el movimiento no se había interrumpido, al menos en una de las voces.

Sigue inmediatamente una aumentada actividad armónica. una modulación cromática ascendente por medio de la siguiente progresión:

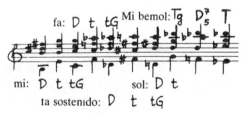

Alcanzado de nuevo el Mi bemol mayor, 30 compases antes de concluir la exposición, una primera cadencia de afirmación del objetivo alcanzado; el viento que concluye su participación en el proceso melódico aclara al oyente la función cadencial, al limitarse en lo sucesivo a marcar los puntos fuertes de los compases:

También volvemos a tener aquí Mi bemol/Do bemol mayor, pero no ya como ruptura de Mi bemol mayor, sino como un acorde que, construido sobre la fundamental Mi bemol, enriquece su base, pero sin ponerla ya en peligro. Se confirma el centro Mi bemol que, a modo de resumen, recuerda a continuación los hechos armónicos anteriores de importancia.

6. *Atractivo armónico:* Beethoven, Sonata para piano en Mi bemol mayor, op. 27, número 1, primer movimiento. Forma de lied tripartito. La sección A se divide a su vez en melodías de cuatro compases que vuelven a repetirse al pie de la letra o variadas:

|: A1 :|: A2 :|: A3 :|: A4 :|: A1 :|: A2 :|

Repetición,
variada cada vez

Elemento de enlace: la repetición de la nota en negras al comienzo del primer compás:

A3 introduce la anacrusa y prolonga la repetición de la nota:

A4 se encarga de ambas cosas, mientras el espacio armónico gana un nuevo color a través de la nota de enlace *Sol* —la tercera de la tonalidad antigua y quinta de la nueva—: Do mayor, variante de la relativa.

Pero la escueta conducción armónica ulterior no deberá inducir a hacer una interpretación *(Do mayor como dominante intermedia)* simplificadora de lo asombroso de este pasaje:

Para empezar, Do mayor es, desde cualquier punto de vista, una tónica en el sentido de un acorde que descansa en sí, que no se esfuerza, que no se refiere a otros acordes. Este enfoque se ve apoyado además por la anacrusa correspondiente de la sección A3:

La entrada de este Do mayor es impresionante. Ninguna clasificación funcional, ni T TP ni T (D) Sp delata lo asombroso de este pasaje. Tenemos sólo por un lado el cambio de posición. Un diáfano Do mayor después de la grave disposición de la sección A3. Por el otro, y esto es lo principal, inténtese, sólo una vez, cantar la conclusión melódica:

La melodía de este pasaje está compuesta de tal modo que, para el oyente que se adelanta pensando un *Mi*, es realmente inimaginable, imprevisible, resultando el acorde en Do mayor, por ello fascinante, incluso después de oírlo repetidas veces. Es un hecho de gran atractivo armónico.

7. *Movimiento circular armónico en Schubert:* el Largo e mesto de la Sonata para piano en Re mayor, op. 10, número 3 de Beethoven se basta hasta el comienzo de la gran coda con el mínimo entorno de la tonalidad de re menor. Modulación a la dP Do mayor, compás 13, a la d la menor, compás 21. Entrada de la tP, Fa mayor, compás 30, retromodulación a la tónica, compás 44 y su confirmación, compás 60, tras una breve desviación al tG Si bemol mayor, compás 56.

Y entonces, al comienzo de un desarrollo codal de 23 compases, se abre un espacio armónico más amplio. Posición más grave en el círculo de quintas e, igualmente, nota más grave del movimiento en el compás 67. He aquí el extracto del proceso armónico:

Beethoven escribe en el cuarto compás de este pasaje, de acuerdo con la conducción de las voces, un *Fa sostenido* en vez de un *Sol bemol*, aunque en la progresión del compás siguiente elige la notación funcionalmente correcta (*La bemol* en vez de *Sol sostenido*).

En los giros $\mathbf{D}^{V}$ $\mathbf{D}^{65}_{43}$ T, en los que la 7 en contra de su tendencia descendente es forzada hacia arriba, en la $\mathbf{D}^{6}$, se deciden los compositores con frecuencia (aunque no de modo unánime o sistemático) por la notación propia de la conducción de las voces.

El compositor concilia la impresión auditiva del hundimiento en la mayor profundidad y de un laborioso resurgir hacia arriba enfocando el ordenamiento de las tonalidades en forma de línea recta, de línea con puntos finales y no en forma de un círculo de quintas, susceptible de ser recorrido en redondo: más allá de mi bemol menor es inimaginable un nuevo descenso, y La mayor, la posición más alta de este movimiento, vista desde aquí se ve muy alejada.

Mientras el clásico se aleja de esa organización de tonalidades lineales únicamente en las modulaciones del desarrollo, confirmación de una tónica como centro *(posición de equilibrio estable)*, en Schubert gana terreno una tendencia a la *posición de equilibrio indiferenciado* en todas las secciones formales, resultado de una escritura personal y no del lenguaje de la época. Schubert atraviesa descendiendo el círculo de quintas mediante el empleo de pasos armónicos de gran alcance. Abandona la tónica descendiendo, para volver a alcanzarla descendiendo.

Trío con piano en Mi bemol mayor, op. 100, primer movimiento:

Compás 34/35 38   46   48 57 58   66

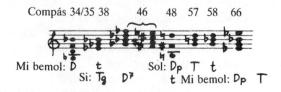

Mi bemol: D   t   Sol: Dp T t
    Si: Tg   D⁷   t Mi bemol: Dp   T

Dominante mayor → Tónica menor ($2\flat \rightarrow 6\flat$). En el terreno alcanzado, presentación de un acorde mayor ($6\flat = 6\sharp$), que a su vez, como dominante, conduce a una tónica menor (2 ♯). De nuevo presenta, en el terreno alcanzado, un acorde mayor que a continuación se convierte en menor (1 ♯ → 2 ♭).

¿Qué ha ocurrido? No hay ninguna modulación hacia una meta. Ha dejado descansando durante un rato el ámbito de la tónica, reavivándolo de ese modo. Esto se habría conseguido antes mediante una estancia transitoria en su cercanía, digamos en el ámbito del relativo. La innovación decisiva consiste en que una permanencia de ese tipo en el ámbito del relativo no habría combatido la soberanía de la tónica ni debilitado la fuerza centrípeta de la cadencia, sino que más bien la habría confirmado.

El movimiento circular de Schubert da lugar a lo contrario. El Mi bemol mayor, en el tema principal al comienzo del movimiento es la tónica vigorosa de setenta años antes, desde que existen los temas de cadencia simple del clasicismo temprano. Tenemos en cambio ahora, a partir del compás 66, a Mi bemol mayor como un acorde atractivo, *obsequio reciente*, suspendido en suma ante todo como actual valor armónico sin la anticuada y trillada estabilidad de la tónica. Ya en esta música de Schubert de tan agradable sonido y de una tal apariencia de inequívoca seguridad tonal para el oído especialmente interesado tiene lugar, como una apacible revolución, un primer cuestionamiento radical de la tónica como centro funcional.

Ahora un ejemplo un tanto esquemático de esa misma técnica, tomado del primer movimiento de la cuarta Sinfonía de Schubert, compases 85-105:

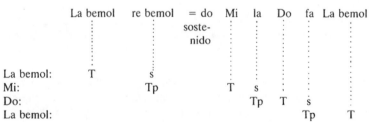

Modelo de progresión por correspondencia tonal:

Schubert, Cuarteto de cuerdas en Do mayor, op. 163, primer movimiento, compases 228 al 251. Aquí se recorre una vez y media el círculo de quintas a partir de Si mayor, alcanzándose la preparación de la reexposición en Sol mayor, como D^7.

Si: T S D$^{7 \atop 65 \atop 43}$ T t
La bemol escrito
como Sol sostenido

Re: Tp S D$^{7 \atop 65 \atop 43}$ T t D t

Fa: Tp D T t

La bemol: Tp D T t

Mi: Dp T t D t

Do: Tg $\widehat{D^7}$

Vemos cómo una tónica mayor es convertida en menor cinco veces, de forma tal que los grandes pasos descendentes (T t = 3 grados) permanezcan dentro de los grupos tonales y los cambios de tonalidad puedan proceder por pasos mínimos (t si menor es la Tp del Re mayor).

En el Quinteto con piano en La mayor, op. 114 de Schubert, el desarrollo del primer movimiento constituye un único descenso en el curso del cual se disponen breves planos melódicos en los grados recorridos: final de la exposición Mi mayor, comienzo del desarrollo en el contraacorde de la variante, Do mayor. Compás 147 Do mayor (o ♭), compás 161 do menor (3 ♭), compás 164 Mi bemol mayor (3 ♭), aquí una mayor permanencia (tonalidad de trítono de la T La mayor). Compás 185 fa menor 4 ♭), compás 189 La bemol mayor (4 ♭), compás 193 Do bemol mayor (7 ♭) transpuesto como Si mayor (5 ♭). Compás 196 mi menor (1 ♯), compás 197 Do mayor (o ♯), compás 199 fa menor (4 ♭), compás 200 Re bemol mayor (5 ♭), escrito como Do sostenido mayor (7 ♯). Compás 202 fa sostenido menor (3 ♯), compás 203 La mayor (3 ♯). Compás 210 comienzo de la reexposición, como suele hacer Schubert, en la subdominante Re mayor. (De ese modo se consigue que la T no se vea desgastada por toda la reexposición, no alcanzándose hasta la modulación al segundo tema.)

8. *Cadencia evitada (rota):* podríamos denominar el repentino movimiento de tercera en los compases 104-110 del primer movimiento del mismo quinteto con piano, como un tipo desacostumbrado de cadencia evitada de especial atractivo armónico. El movimiento ascendente de la voz de cello *La Si Si sostenido Do sostenido* retarda en el piano el *La Si Si sostenido*, que se desvela inmediatamente como un *Do*. El repen-

tino pianísimo subraya el carácter de impulso hacia lo inesperado. Modulación de regreso a través del acorde *Do Mi Sol La sostenido* como ${}^t\mathcal{D}^v_{3>}$ D$^{65}_{43}$ en Mi mayor:

CORRESPONDENCIA DE SENSIBLES

Hemos hablado ya de la *modulación de sensible* en Beethoven como de un medio modulatorio propio de los desarrollos clásicos. Sin embargo, numerosos pasajes de sus obras tardías nos permiten sospechar la presencia de otras intenciones compositivas en los enlaces de sensibles. No se trata ya sólo de secciones del desarrollo, sino también de ideas temáticas. Al oír esos pasajes percibimos más bien una ampliación de un espacio tonal que el abandono del mismo.

Al comienzo del Cuarteto para cuerdas en mi menor, op. 59, número 2, y tras unos contundentes acordes en la t D$_3$, se presenta el tema, separado mediante pausas generales, bajo dos formas distintas. Hablar aquí de t y de movimiento hacia sG sería tal vez un error. Porque lo cierto es que ese *Fa* no se relaciona con *Mi* como representante de un *La*, sino que *está simplemente cerca de él*. Elevación cromática de una tónica. Observemos cómo prosigue lógicamente esa tendencia ascendente en el *Fa sostenido* de la entrada de la viola.

En su Cuarteto para cuerdas en fa menor, op. 95, después de una semicadencia sobre la dominante en el compás 5 y una pausa general, el cello entra con el tema elevado asimismo en un semitono en Sol bemol mayor. El tercer arranque temático a partir del compás 18, de nuevo en fa menor, trae como resumen de los hechos la tónica elevada (como en el ejemplo anterior) enlazada mediante sensible hacia ambos lados:

Varias veces vuelve a surgir el mismo procedimiento en la evolución ulterior del movimiento. Así, el unísono en La mayor de los compases 38-39 se produce naturalmente con *La bemol-La* y se abandona con *Re-Mi bemol:*

En el primer movimiento de la «Novena Sinfonía» durante la reexposición el grado de la tónica Re, aparece elevado fugazmente.

Y pocos compases después se produce el regreso en unísono.

Transformación cromática del acorde nota a nota

Echemos un nuevo vistazo a las partituras de Schubert, estudiadas ya desde la perspectiva de la correspondencia de terceras. Trío con piano en Mi bemol mayor, op. 100, primer movimiento, compases 106-112:

Tras una confirmación en la dominante de la tonalidad de Sol bemol mayor, la fundamental experimenta una elevación cromática. Tríada disminuida. Pero no se trata aquí de un cromatismo por nota de paso del tipo

sino también a continuación de una elevación cromática de la quinta. El elemento de enlace de esta transformación armónica, imprevisible totalmente en su evolución, es la nota *Si bemol;* la tercera mayor de *Sol bemol* se convierte en la tercera menor de *Sol.*

Último movimiento de la misma obra, compases 666-679. Una melodía simple de ocho compases derivada del tema principal, experimenta en su prosecución un atractivo inesperado. Interesante en la melodía misma es el cambio a la D$_3$, situada en «lugar falso», sobre tiempo débil:

El *Do*, sexta menor de mi menor (tercera de la s), se convierte inesperadamente, por el rebajamiento cromático de la fundamental, en sexta mayor sobre *Mi bemol.* Vuelve a hacer aquí el *Sol*, la tercera, de centro de transformación del acorde. (Por lo demás, esa melodía en mi menor no es tan simple, si atendemos a su preparación: una modulación en unísono había elevado la tónica *Mi bemol* del compás 661 al fundamento *Mi.* La melodía atraviesa en consecuencia por primera vez un fascinante espacio armónico nuevo, y el inesperado descenso inmediato de la fundamental restaura la base original de *Mi bemol.*)

Ahora sólo una breve indicación sobre otros pasajes que se deberían estudiar en las partituras: Quinteto de cuerdas en do menor, op. 163, segundo movimiento, compases 47-48:

Quinteto con piano en La mayor, op. 114, segundo movimiento, compases 80-84:

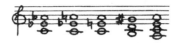

Es digno también de estudio el comienzo de la escena en el *Furchtbaren Waldschlucht* del *Freischütz* de Carl Maria von Weber:

Ejercicios. La correspondencia tercera no fue tratada en este pasaje como material armónico anónimo que, de acuerdo con las reglas de uso general (digamos: *reglas de resolución de la D*^{7}), podría utilizar cualquiera en cualquier momento. La exposición en ocho pequeños capítulos deberá dejar en claro más bien que el efecto artístico de una progresión armónica de terceras no es lo mismo, de ninguna manera, en diferentes situaciones musicales concretas. La persona que después de este razonamiento se sume a mi opinión («Una serie D-T es algo que se utiliza, una serie de acordes por correspondencia de tercera hay que inventarla») no esperará aquí ninguna invitación a componer piezas schubertianas. En cambio, es necesaria la solución de ejercicios de otro tipo, y a mi juicio, más eficaz:

1. El círculo de quintas se recorre de ese modo con tal rapidez que hay que movilizar de modo correspondiente la conciencia de las relaciones.

a) Crear vías de modulación tocando los ejemplos al piano.

b) Invención de algunos caminos de más envergadura (por ejemplo, de *Si* a *Mi bemol*) o también modulaciones circulares (por ejemplo, de *Do* a *Do*) aplicando vías amplias (T-t = 3 pasos, T-s = 4 pasos), y, cuando haga falta, incluyendo pasos estrechos (D-t o Dp-T o D-Tp = un paso), siendo a este fin posibles las dos técnicas: primero, empezar con pasos amplios en dirección a la meta para averiguar, poco antes de llegar a ella, cómo se la debe abordar, si hacen falta aún uno o dos pasos

descendentes o ascendentes; segundo, como estrategia de planificación, descender de D a D = doce pasos. Plan: 4 + 1 + 3 + 3 + 1.
Solución:

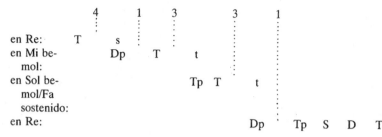

	4	1	3	3	1				
en Re:	T	s							
en Mi be-mol:		Dp	T	t					
en Sol be-mol/Fa sostenido:			Tp	T	t				
en Re:					Dp	Tp	S	D	T

2. Formación del oído: lea los ejemplos utilizados y compruebe si consigue su representación en acordes. De no ser así, tóquelos al piano escuchándolos conscientemente. Imagine otras series de acordes (por ejemplo, Re mayor, Si bemol mayor, si bemol menor) e intente oírlos. Compruebe al piano si el oído interno los ha percibido correctamente. Hay que trabajar sobre todo las transformaciones de los acordes nota a nota.

No tengo inconveniente en admitir que me cuesta esfuerzo representarme el sonido de series como ésta

Por esta razón me uno con mi propio trabajo a este punto. Recomiendo este procedimiento: de la audición correlativa a la audición simultánea. Por consiguiente, me representaría:

3. Es evidente: hay que analizar. Claro está que no tiene sentido empeñarse en introducir a la fuerza pasajes en los ocho títulos que hemos dado. Es preciso estar atento para aprender a definir por uno mismo el sentido compositivo de un pasaje.

SCHUMANN (1830-1850)

Las reposiciones de obras de gran éxito anterior no empezaron a hacerse usuales hasta el siglo xix. Surge así el repertorio y crece en la conciencia del ciudadano aficionado al arte, la moderna capacidad crítica en un equilibrio entre la memoria y la curiosidad. El conocimiento de las obras de los clásicos, y poco después también el de las grandes obras de Bach, brinda al público criterios de valoración y coloca al compositor en una situación nueva: se trata de ser comprensible para su propio público musical que ha aprendido a pensar en el idioma de Beethoven, pero también de decirle algo nuevo.

Como vemos, el extraordinario enriquecimiento de los medios de expresión musical estriba en que, por primera vez, no se sustituyen los medios antiguos; sólo se complementan. Esto supone en la armonía un señorío ininterrumpido de la cadencia y, al mismo tiempo, un peligro de desgaste de un coto de pensamiento muy rico ya en tradiciones. Por lo tanto, la música basada en la cadencia necesita un mayor refinamiento artístico de los caminos indirectos, caminos laterales, enmascaramientos, retenciones, adornos capaces de atraer el interés, atractivos adicionales. Se desarrollan al mismo tiempo un nuevo lenguaje y nuevas legitimaciones de las series de acordes. Expondremos esta situación de modo ejemplar mediante la armonía de Robert Schumann.

Observaremos, para empezar, en qué pasajes del texto de sus Lieder, este compositor incomparable en la interpretación del lenguaje poético se mantiene, por decirlo así, demostrativo en el ámbito más estrecho de la cadencia, dándonos la impresión de que ésta celebra su propia inmortalidad. El número 4 de *Dichterliebe* (Amor de poeta), *Wenn ich in deine Augen seh*, inicia en un escueto espacio en modo mayor una alternancia de la voz y el piano. Sólo en el cuarto sistema se unen y cadencian en la tonalidad de la subdominante, en un lenguaje musical empleado desde unos cien años antes:

«So werd ich ganz und gar gesund» (vuelvo a estar sano del todo), dice el texto, y ese sano *(gesund)* significa aquí *perdurable, digno de*

confianza. Y con los mismos medios musicales se expresa lo *sencillo* y lo *puro (rein)* (*Dichterliebe* núm. 3, «die Feine, die Reine, die Eine» [la hermosa, la pura, la única]), como también lo *señorial* y lo *dulce*, «heller Sinn und fester Muth» («Frauenliebe und —Leben [amor y vida de mujer] núm. 2).

Tampoco el mundo de los cuentos y leyendas exige medios experimentales. Sencillo y claro es el canto de *uralter Melodei'n* (Melodías antiquísimas) procedentes de «viejos cuentos» *(aus alten Märchen)* (*Dichterliebe* núm. 15), como también la *Liedchen, das einst die Liebste sang* (*Dichterliebe* núm. 10), o aquel que entona «El alegre caminante» *(der frohe Wandersmann)* (título del Lied con texto de Eichendorf), junto con la alondra «henchida la garganta y alegre el pecho» *(aus voller Kehl und frischer Brust)*.

Cuanto más llamativo resalta sobre esta base, más elocuente es el empleo de medios armónicos desacostumbrados. Al estudiar unos cuantos de ellos, tendremos en cuenta la perspectiva de la dramaturgia compositiva de Schumann.

En los dúos —por ejemplo, del cantor y los pájaros— se hace una clara diferenciación de los dos lenguajes. El cantor del Lied número 12 de *Dichterliebe* se pasea *por el jardín* en Si bemol mayor. El susurro y el lenguaje de las flores se puede percibir en Do bemol mayor, un semitono más alto. El camino de ida: la fundamental se convierte en sensible (tercera de una D^7). El camino de vuelta es abrupto, en correspondencia con el texto *ich aber (pero yo):* movimiento semitonal de la D^7 sobre *Si* a la D^7 sobre *Do*.

Si bemol mayor: T
Do bemol mayor/Si mayor: D^7 T^7

Acto seguido, y expresado aún con más claridad, el lenguaje directo de las flores: la tónica Si bemol mayor se vuelve dominante con séptima en el bajo y una quinta alterada hacia arriba. Pero su meta no es *Sol* como tercera de Mi bemol mayor, sino *Sol* en forma de nueva fundamental. En cuanto a la vieja tónica Si bemol, funciona en consecuencia como sensible (casi *La sostenido*) de la nueva tercera *Si*:

Y acaso se pueda ir más lejos en la interpretación: «No seas malvado con nuestra hermana, hombre triste y pálido» *(Sei unsrer Schwester nicht böse, du trauriger, blasser Mann)*, es desde luego, una exhortación inesperada (tan inesperada como la *modulación de alejamiento)*, lanzada al ser humano para hacerle cambiar de idea invadiendo sus últimos pensamientos. Así, no hay nada de un brusco regreso a Si bemol mayor, sino una consecuente vía lógica: el Sol mayor se convierte en menor, el sol menor pasa a ser Tp del Si bemol mayor, al que se llega a través de $^\mathrm{t}\mathrm{D}^\mathrm{v}_{3>}$ D.

Son interesantes los distintos lenguajes en el Lied con texto de Heine *Ich wandelte unter den Bäumen* (Paseaba yo bajo los árboles), op. 24, 3. El paseante a solas con su pena va acompañado en Sol mayor con la T y con formas de la D^7, mientras que el lenguaje de los pájaros en Mi bemol mayor es sustentado exclusivamente por la T y por los acordes de la S^6_5. Llaman la atención aquí, además, que todos los finales de frase están sobre unos acordes *falsos* de T_5 que no son introducidos ni continuados de un modo ortodoxo: la tónica sin fundamental, vacilante; inspirada seguramente por *Vöglein in luftiger Höh* (Avecillas en la ingrávida altura). El lenguaje de los pájaros es aquí algo totalmente inesperado, sobre todo tras el disuasivo *Schweigt still* (Callaos) del cantor.

Un medio armónico inaudito: la novena *Mi bemol* del acorde D^9_7 (aparece aquí; ya hablaremos más de ella).

Suavemente se mecen las espigas y los bosques susurran en voz baja, en silencio besa el cielo a la Tierra en *Mondnacht* (Noche de luna), texto de Eichendorff, y toda esa tierna imagen se difumina aún más en *es war als hätt* (Era como si...). De manera ingeniosa se le sugiere al cantante (¡que está «pendiente del piano»!) un canto sin acentos. Situar los cambios de acorde en los tiempos fuertes del compás es una de las reglas básicas de la armonía. La transición a la segunda línea podría ser, por lo tanto, algo así:

La importante sílaba *Er-* recibiría así el acento que le corresponde. Pero lo que compone Schumann es:

En un acorde de tónica introducido ocultamente (en el tiempo más débil: en la pausa del cantante), el cantante canta quedamente, sin acento. Del mismo modo se hace posible un suave ataque deslizante del canto en su primera entrada: el *La bemol* del piano se eleva a *Si bemol*, e imperceptiblemente se transforma la nota del piano convirtiéndose en la primera del cantante. Se oculta ahí un arrobado *alejamiento* armónico respecto de la tonalidad principal: 8 y 9 del D^9_7 en *La bemol* se interpretan como 7 y 8 de una D^7 sobre *Si bemol*.

SERIES DE D^7 DE LIBRE FUNCIÓN

Es interesante estudiar en qué pasajes de los textos de los Lieder de Schumann experimentan los medios armónicos una ampliación al servicio de un aumento superlativo de la expresión. No es el grito del que sufre lo que desafía al compositor; en el «von wildem Schmerzensdrang» (apremiado por un dolor feroz, de *Dichterliebe* núm. 10) le basta s^n D$^{65}_{43}$ t. En cambio, cuando el cantante «lívido y sangrante el corazón» *(bleich und herzeblutend)* «de espaldas a la alegría» *(von der Freude weg-ge Kehret)*, acepta la perdida dicha como «tú, mundo mío» *(du meine Welt)* y, herido de muerte, sigue contemplando y mirando la belleza de ese mundo inasequible para él, se inaugura un nuevo mundo armónico. «Mein Herz ist wund, du bist so jung und bist so gesund» (Tengo el corazón herido y tú eres *tan joven* y estás tan sana), rimó el poeta Chamisso (opus 27, 3, «Was soll ich sagen?». Schumann le *arranca* al cantante de corazón afligido en el más auténtico sentido de la palabra, ese *tan joven (so jung)*. A La mayor sigue una D^7 sobre Fa, seguido de una D^7 sobre la base Si. Los tres acordes están unidos por esa *La* común, primero una estable octava que, sensibilizada y convertida en una tercera, acaba tornándose en séptima:

Sólo dos veces suena en el Lied entero la tónica Re mayor, aunque todo aparece funcionalmente muy claro al referirse a una tónica intermedia respectiva. Sólo en el pasaje citado fracasa la interpretación funcional, si nos esforzamos en definir la correspondencia y la relación; porque aquélla se vio obligada entonces a hacerse cargo de la tarea opuesta, describir la lejanía. Y es que relacionar *Fa-La-Do-Re sostenido* (*Fa* sería entonces un *Fa sostenido* alterado hacia abajo) con el mismo carácter de dominante sobre *Mi* que la siguiente dominante verdadera de Mi mayor, equivaldría a introducir a la fuerza ambos acordes en una interpretación de proximidad que nuestro oído se niega a percibir.

También en el Lied *Warte, warte, wilder Schiffmann*, texto de Heine, hallamos una serie de acordes de D^7 como ruptura de la seguridad tonal, por lo que en este caso la serie de acordes no suaviza comunidad tonal alguna:

Schumann se adelanta acercándose a Debussy en el número 6 de los Lieder con texto de Kerner, opus 35 *Auf das Trinkglas eines verstorbenen Fraundes* (En el vaso en que bebía un amigo difunto). Acordes de D^7 sobre *Si bemol, Do, La* y *Fa* adquieren trabazón para convertirse en un gran plano sonoro liberado de correlación funcional, hasta el punto de que la clasificación *acordes de séptima de dominante* nos parece inadecuada. Como matiz cabe pensar en la séptima menor. Todos los acordes están unidos por una o dos notas comunes:

SUPERPOSICIÓN INFERIOR DE TERCERAS A UN ACORDE

Repetidas veces pone Schumann en cuestión la estabilidad armónica, en «Zwielicht» (Liederkreis, núm. 10) merced a una sencilla o múltiple superposición inferior de terceras con terceras, tríadas o acordes de séptima que conducen a tríadas o a acordes de séptima o de séptima y novena que no permiten dar una respuesta decidida a la pregunta sobre la base del acorde. Del preludio, primera estrofa y cuarta resultan diferentes interpretaciones de las mismas notas de la mano derecha del piano:

Preludio

La nota *Sol* es la séptima de la dominante.
En la primera estrofa se suman la voz y el bajo del piano:

La nota *Sol* es tercera de la subdominante menor. Parte del piano de la cuarta estrofa, siendo idéntica la parte del canto:

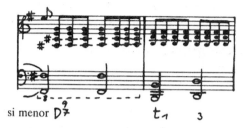

si menor D_7^9 t_1 3

La nota *Sol* es la novena de un acorde de séptima y novena de dominante.

Quien conozca este Lied no dará crédito en absoluto a la interpretación provisional de los compases del preludio; escuchará en el preludio la primera estrofa o incluso la cuarta, o —y esto lo considero intencionado— esos compases le resultarán equívocos, sospechosos.

El preludio al Lied número 15 de *Myrthen* nos señala una superposición inferior de terceras, creada al comienzo del texto «Mein herz ist schwer» (Tengo el corazón triste), que rebaja continuamente la base armónica (y termina de ese modo suprimiéndola) (Brahms hizo suya esa técnica y la desarrolló ulteriormente):

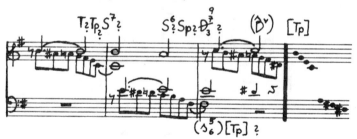

En lo que sigue, el *Re sostenido* es rebajado a *Re* y además situado en superposición inferior de terceras con *Si, Sol sostenido* y *Mi sostenido*.

El acorde de séptima y novena de dominante

El D_7^9 (la mayor parte de las veces con novena mayor, y con menos frecuencia con una menor) desempeña un papel decisivo en el lenguaje musical de Schumann; constituye en esa época un acorde de gran fuerza expresiva y aún aprovechable. Recordemos que la música anterior sólo conocía una estructura de retardo 9-8 (sobre todo de la dominante), y que la resolución del retardo tenía lugar dentro del mismo acorde y no en su conducción ulterior.

Veamos unos ejemplos de acordes de séptima de dominante con novena mayor y menor:

3.ª Sinfonía, 1.er movimiento, compases 31-35:

Tema de las variaciones Abegg:

Intermezzi op. 4, núm. 1, compás 7:

«Glückes genug» (Escenas infantiles, Kinderszenen n.º 2):

«Kuriose Geschichte» (Escenas infantiles, Kinderszenen n.º 2):

Lied «Die rote Hanne» op. 31, 3 (Texto de Chamisso):

La tendencia a la resolución de la novena es únicamente comprensible cuando no se la contrae hacia una segunda ni está situada una séptima por debajo de la nota en función de fundamental. En consecuencia, el D_7^9 no es posible y en el caso de las inversiones usuales D_3^9, D_5^9 y D_7^9 la fundamental tiene que estar lo suficientemente grave en el acorde como para que se pueda mantener el intervalo de novena. (Véase el ejemplo de la «Kuriose Geschichte».)

Como quiera que 1, 3, 7 y 9 tienen que estar contenidas en el acorde de séptima y novena de dominante, en su representación a cuatro voces hay que suprimir la quinta de la dominante. Por lo tanto, el D_5^9 sólo es realizable a cinco voces.

¿Un acorde de séptima y novena de dominante abreviado?

El $\mathcal{D}^V$ y el $\mathcal{S}^7$ son mucho más antiguos que el D_7^9 y el $D_7^{9>}$. Los compositores y oyentes de la época de Bach no escuchaban el *Sol* en el *Si-Re-Fa-La bemol* y los oyentes de la época clásica no lo escuchaban en el *Si-Re-Fa-La*, pero lo eludían como inherente al mismo. Lo he tenido en cuenta al clasificar las cuatro notas de este acorde de séptima sobre la sensible 1, 3, 5 y 7 y al evidenciar la función tanto de dominante como de subdominante de estos dos acordes de $\mathcal{D}^V$ y $\mathcal{S}^7$.

Pero una vez que en el romanticismo la D_7^9 fue introducida en la música como acorde con novena mayor y —con menos frecuencia— con novena menor, adquiriendo enseguida un significado decisivo, son admisibles para esos acordes de séptima dos concebibles maneras de audición: ambos pueden seguir siendo compuestos y percibidos ahora como antes (porque también en la cadencia simple, compuesta en tiempos de Schumann, sigue sonando el pasado). Pero por otro lado, se puede concebir también su aparición en la nueva música romántica, como una forma incompleta del nuevo D_7^9, inclusive en el caso de que éste les preceda inmediatamente, como en uno de los ejemplos siguientes.

Menor: $\mathcal{D}^V$, ahora eventualmente también $\not{D}_7^{9>}$, = *Si-Re-Fa-La bemol*.

Mayor: Sp_6^5 o bien VII^7 en la época de Bach, en la época clásica $\mathcal{D}^7$, ahora eventualmente también $\not{D}_7^9$, = *Si-Re-Fa-La*.

Me niego a proponer reglas empíricas definitorias simplificantes a la vista de estas estructuras. Se trata más bien de adentrarse con el oído en cada caso respectivo y en una situación concreta y elegir entonces la clasificación adecuada. Al estudiar a Wagner tendremos que tomarnos una molestia similar con otros acordes: algunos de ellos siguen siendo todavía lo que eran antes, pero hay otros que *quieren* que se les escuche con otros oídos.

Sol bemol: S T Sp⁵ ... (D)
Mi bemol: ... T

La situación armónica antes de la segunda barra (Lieder con texto de Kerner, opus 35, núm. 12), referida a Mi bemol mayor, es sin duda alguna de subdominante: secuencia de la serie S-T precedente en Sol bemol mayor. Se puede considerar la nota *Re* como una bordadura. Si la oímos como un hecho determinante de la armonía, es desde luego sensible de la dominante hacia *Mi bemol*, pero *Mi bemol* es al mismo tiempo abordado desde la subdominante en el bajo. Por esa razón, me decido aquí por D^v_5 y considero fuera de lugar a D^9_7.

El afán existente en tiempos de Schumann por una ampliación de los medios de expresión armónicos no produce, si prescindimos del D^9_7, la introducción de acordes nuevos, sino de profundizaciones novedosas de acordes ya conocidos, haciéndolos aparecer bajo una luz totalmente nueva. De ese modo, sobre todo en el caso del acorde de séptima disminuida, se adquiere un nuevo atractivo armónico.

T D^7_5 (D^v) [Tg]
                            T₃

El tercer acorde de este comienzo de Lied del opus 27, núm. 5, persigue un mi menor que no aparece, pero debe ser clasificado, ya que el acorde precedente, como dominante intermedia, sólo se puede clasificar

teniendo en cuenta la meta buscada. Desde Hugo Riemann se escribe
este último entre corchetes. en la resolución de Schumann permanece
la 7 de la $\mathfrak{D}^V$ convirtiéndose en nueva tónica.

«Frauenliebe und —Leben», núm. 8 («Nun hast du mir den ersten
Schmerz gethan») nos presenta inmediatamente, una tras otra, dos progresiones de la $\mathfrak{D}^V$, en cada una de las cuales se mantienen dos notas:

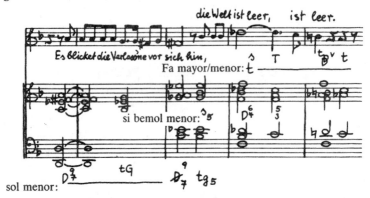

En cadencia evitada al $D^{\frac{9}{7}}$ le sigue, en vez de la tónica, sol menor,
su contraacorde Mi bemol mayor. La serie se repite con dos pequeñas
modificaciones: a la $D^{\frac{9}{7}}$ le sigue la nota fundamental *Re*, convirtiéndose
en menor el acorde de la cadencia evitada, mi bemol menor.

Debido al paralelismo de la serie, tengo, sin embargo, la opinión de
que al comienzo del tercer compás se sobrentiende la omitida base *Re:*
es un ejemplo del acorde abreviado de séptima y novena de dominante.
Cierto es que, si nos basamos en la notación de la voz, habría que pensar
en un cambio en la notación de la mano derecha: *Fa sostenido* en vez
de *Sol bemol*. Pero si tomamos en serio la notación del piano, la $\mathfrak{D}^V$ *La-
Do-Mi bemol-Sol bemol* (que aquí no sería ninguna $D^{\frac{9}{7}}$ con omisión de
la nota fundamental, porque un *Fa* es inimaginable) tiende hacia si bemol menor. Desde luego, su tercera y su quinta se ven retardadas mediante la cuarta y la sexta, pero resuenan en el compás siguiente, con
lo cual al convertirse *Fa* en el nuevo fundamento del bajo hace cambiar
la función de la tónica en un $D^{\frac{6}{4}}$ cadencial. El *Fa* mantenido en el soprano y el bajo enmarca por último una ⁱ$\mathfrak{D}^V$, que o bien conduce en
conclusión errónea a la t o bien se puede considerar como una estructura
de retardo en la t (*Si-Do* como también *Re-Do*). La conclusión de la
frase sobre *Si* en la voz hace más verosímil la primera de estas inter-

pretaciones. Por lo demás, lo único correcto en la parte del canto es el *Fa sostenido*: semicadencia sobre la dominante de la cantante. Igualmente correcto en el sentido de la conducción es el *Sol bemol* del piano. Detallar tales armatostes clasificatorios, ciertamente no perjudicará la educación de la facultad analítica. Pero sólo entenderemos lo que en realidad se compuso en esos pasajes mediante un esfuerzo analítico efectuado en el sentido opuesto: a los ojos del teórico de las funciones todos los acordes puntales persiguen el ir *hacia* algún sitio. Pero es evidente que los compositores de esta época se esforzaban por *alejarse de*, justo en el sentido opuesto, hacia lo abierto, en el libre espacio de la tónica, con acordes encadenados sin funciones.

La misión del contraanálisis consistiría, por lo tanto, en demostrar en cuántos acordes tendría lugar imprevisiblemente la conducción, de manera que el oyente tenga que (¡pueda!) dejar que la música se realice sin saberla de antemano como cocompositor oyente activo en cada uno de sus pasos.

Más documentación sobre conducciones impredecibles de la $\mathfrak{D}^V$:
Variaciones Abegg, final:

Primera $\mathfrak{D}^V$: tres sensibles ascendentes, una nota mantenida.

Segunda $\mathfrak{D}^V$: dos sensibles ascendentes, un movimiento de segunda mayor, una nota mantenida. La interpretación funcional dada concibe el *Sol sostenido* como *La bemol*. Muchos compositores al hacer resoluciones en el D_4^6 (y no en la D) practican unas anotaciones linealmente razonables, aunque funcionalmente falsas, como en este caso de Schumann.

Obsérvese que también el acorde de séptima de dominante interpuesto está tentado a abrirse: tres sensibles ascendentes, una segunda mayor ascendente, un bajo pedal.

3.ª Sinfonía, 2.º movimiento, compases 108-110:

Fl., viol. 1.º,
viol. 2.º
vientos

Trompeta,
trompas, viola,
Vcl, Cb.

Las cuerdas graves, la trompeta y fl./viol. permanecen en la tónica. Las cuerdas medias y las trompas tocan *Re sostenido-Fa sostenido* como bordaduras de *Mi* y *Sol*. Sólo la melodía de los vientos y segundos violines lleva a cabo un cambio de función.

3.ª Sinfonía, 2.º movimiento, compases 115-117:

La interpretación de este acorde de séptima disminuida como *Do sostenido-Mi-Sol-Si bemol*, es decir, como (Đ^v) [Sp] no acaba de convencer. Do sostenido es una nota de paso cromática y *La sostenido* una nota auxiliar de ataque por salto. Es decir, $T \underset{{}_{5\,6<}}{\overset{{}^{1<}}{\longrightarrow}} D_3^7$.

El acorde de séptima disminuida $^I\text{Đ}^V$ tiene gran importancia en esta época que estudiamos y sobre todo en la siguiente (Wagner) como cadencia evitada.

Modelo:

$D \overset{7}{\rule{1.2em}{0.4pt}} \quad \text{Đ}^v \quad D \quad t$

Schumann lo emplea como *doble cadencia evitada* en un Lied con texto de Chamisso (opus 27, núm. 3):

La $^\text{I}\text{D}^\text{V}$ cadencia evitada en fa sostenido menor, *Si sostenido-Re sostenido-Fa sostenido-La,* da otro sentido, en un renovado engaño de lo auditivamente esperado, al *Re sostenido-Fa sostenido-La-Do,* o sea, a la $^\text{I}\text{D}^\text{V}$ de La mayor.

Se puede considerar también como cadencia evitada la serie de varios acordes de séptima disminuida, como la que aparece ya en Beethoven, por ejemplo, en el Largo e mesto de su Sonata para piano opus 10, número 3. Ocurre que las dos progresiones posibles cumplen con la expectativa de progresión de una voz (o de dos, respectivamente), pero engañan en las restantes:

En relación con ello, indiquemos que Schumann recurre con frecuencia al empleo de la cadencia evitada de la subdominante. Estúdiese el final de *Kind im Einschlummern* («Escenas infantiles» [*Kinderszenen*]). En modo menor: D⁷ s——; así como uno de los Lieder con texto de Kerner, el opus 35, número 11, frase final «sie lassen mich nicht ruhn».

En modo mayor: D^7 S, D^7, $\dfrac{D^7}{T}$ T——

La liberación de la tónica

Gracias a la evolución precedente, completamente reconocida y confirmada, la cadencia clásica experimenta en los últimos compases de la gran Fantasía en Do mayor, opus 17, una fascinante ampliación:

Se alude incuestionablemente al encadenamiento T (D^7) Sp D T, y, sin embargo, no bastaría tal interpretación con una Sp en posición tan grave. El *Re bemol* no sólo es aquí un *Re* muy profundo, sino que tiene además el mismo sonido que la precedente sensible *Do sostenido*. Ésta se reforzaría en consecuencia, alzándose sobre ella una tríada mayor *Do sostenido-Mi sostenido-Sol sostenido*. La clasificación funcional correcta —aunque ella sola supone poco sin la correspondiente interpretación— sería: T (D^7) [SP] D^7 T. Por otra parte la sG según la clasificación fun-
       sG
cional de Maler recibiría el nombre de «Napolitana independizada» y su designación como s^N.

En cualquier caso yo me inclino por emplear esa denominación, referida a una situación histórico-musical precisa, únicamente en aquel acorde en el que la sexta menor de la subdominante constituye una descendente y quejumbrosa sensible hacia la t. Sin embargo, esta tendencia (formulada con respecto a Do mayor) parte de un fuerte *Re bemol* construido sobre *Re bemol* como octava. En consecuencia, prefiero la sG.

En esa cadencia de Schumann suena simultáneamente un *recuerdo de* y una *liberación de*. Se produce también una liberación de la tónica en el grandioso primer movimiento de la Fantasía. Comienza con apasionada expresión el acorde D_1^9, reducido sólo pasados siete compases a una D^7, convirtiéndose en el compás 13 en una Tp para modular, a través de ($^†\overset{D^V}{D}$ D_{43}^{65}), a la dominante Sol mayor que, al estar en superposición inferior de terceras desde *Mi*, aparece equívocamente entre Sol mayor y mi menor (compás 17). Por último, alcanza la meta Sol mayor en el compás 19, viéndose de nuevo sometido a tensión inmediatamente en forma de D_1^9. La distensión no se produce hasta el compás 27 en la D^7, pero en el compás 28 hay una semicadencia en $D_1^{9>}$ $\not{D}_5^{9>}$.

La novena menor *La bemol* introduce sola la sección siguiente, dándose el caso que el acorde subyacente modificado sólo en una nota (en vez de *Re Fa La bemol Si* es ahora *Fa La bemol Do Re*) efectúa una nueva modulación de apertura. En forma de $\not{D}_5^9$ introduce a través de

D^7_5 la nueva tónica Mi bemol mayor (compás 33). Ésta aparece en superposición inferior de terceras inmediatamente, cuestionándose su estabilidad:

Compás 33	Compás 34	Compás 35	Compás 36
Sol	*Sol*	*Sol*	
Mi bemol	*Mi bemol*	*Mi bemol*	*Mi bemol*
	Do	*Do*	*Do*
		La	*La*
			Fa sostenido

Compás 37: nueva tónica sol menor, en inmediata superposición inferior de terceras, igualmente...

Re menor se convierte en el nuevo objetivo en el compás 41, siendo abandonado otra vez en el compás 52 (*Si bemol* en superposición inferior de terceras en cadencia evitada). Fa mayor, nuevo centro a partir del compás 62, abre una nueva modulación en el compás 73 como acorde de D^7. La tonalidad relativa Re, convertida en mayor, es el objetivo en el compás 82, abandonado por modulación inmediatamente después del calderón. En el compás 97, tras una modulación cromática, se alcanza la D^7 de Do mayor, con la que termina la primera parte principal del movimiento abierta semicadencialmente después de una nueva desviación. Sorprendentemente, la parte central del movimiento empieza en sol menor que, convertido en mayor al cabo de cuatro compases, conduce como dominante hacia do menor...

Si prescindimos del cuestionamiento de la nueva y refinada superposición inferior de terceras, tendremos unas clasificaciones funcionales sencillas con aprovechamiento intensivo del nuevo acorde de D^9_7. Gracias a él se puede aumentar, actualizar y reavivar la conocida tensión de la dominante, cosa que no era asequible con la antigua tónica, que se constituía en dominante al viejo estilo: ¡el fenómeno de desgaste de la tónica! La tensión sigue siendo tensión, y aunque reciba una dosificación mayor, su efecto permanecerá el mismo. En cambio, la distensión —antaño un necesario polo contrario— se convierte en debilidad.

No queremos olvidar en este punto la asombrosa cuantía de procesos cadenciales y de grandes planos tonales de la música de Schumann. Queremos limitarnos a afirmar que un movimiento de gran envergadura, con expresión apasionada, no puede emplear planos de cierta extensión determinados por una tónica. Su radiante luminosidad sigue ofreciendo aún un espacio tonal ya asegurado (véase el majestuoso comienzo del segundo movimiento), pero la tonalidad ha dejado ya de ser un lenguaje para todo.

Según nos revela el estudio de los Lieder, se le ha quitado el rango de lenguaje obligatorio general. Se ha convertido en *un* valor expresivo determinado que, al investigar esos Lieder, hemos transcrito en virtud de los textos de los pasajes respectivos. Y la nueva expresión exige ahora otros medios. En este sentido es suficiente, en primer lugar, mantener una apertura modulatoria constante.

Está claro que, ante esta evolución de la armonía, la gran época de la sonata llega a su fin. Recordemos la apasionada Sonata para piano en fa menor, opus 57 de Beethoven: grandes secciones tonales cerradas en la exposición (fa menor, La bemol mayor/menor) y en la reexposición (fa menor, Fa mayor, fa menor), encuadran un desarrollo de salvaje movimiento modulatorio. A la actividad modulatoria que hace su entrada en Schumann en las secciones de exposición, corresponde la irrupción simultánea de una elaboración motívica, y la inmediata transformación del material expuesto.

Esta irrupción de tendencias de desarrollo en todas las secciones de los distintos movimientos suprime la antigua contraposición de la exposición, desarrollo y reexposición. Los polos opuestos de lo inalterable y lo movedizo, lo cerrado y lo abierto, pierden todo su papel estructural. El objetivo se llama ahora desarrollo permanente o variación de desarrollo (Brahms → Mahler), siendo la disolución de la tonalidad a la vez causa y efecto de ese desarrollo.

Ejercicios. Se trata, mediante la investigación individual de los Lieder con piano de Schumann, de comprobar, confirmar, completar y corregir las tesis expuestas en este capítulo. Al hacerlo hay que tener en cuenta por principio que: el compositor puede optar libremente entre realizar el contenido expresivo de determinadas palabras o líneas del texto mediante cambios del lenguaje compositivo o dejarse motivar por la expresión global de una poesía en el momento de elegir los medios de expresión musical.

Convendría conocer el encanto armónico de las series de acordes de D^7 mediante la improvisación de esas series al piano. Hay que hacerlo sin un plan preconcebido. Decisión momentánea: esta séptima debe mantenerse y convertirse en tercera; ahora se convertirá en fundamental. La 3 y la 5 de este acorde deben convertirse ahora en 5 y 7, y así sucesivamente.

Realizar por escrito series de acordes de D^9_7 y todas sus inversiones en escritura pianística, es decir, en una densidad armónica libre y cambiante (de entre tres y seis voces más o menos).

Partiendo de las posibilidades del acorde recién introducido de D^9_7, inventar melodías cortas que utilicen a fondo su especial valor tensional; por ejemplo:

Someter a prueba las vías de modulación mediante la superposición inferior de terceras de los acordes. Procedimiento lógico, por ejemplo:

Objetivo posible: Mi mayor. Es posible incluso en el último acorde un cambio de interpretación de *Do* a *Si sostenido*, y por lo mismo la modulación hacia fa sostenido menor:

Probar las posibilidades de progresión de un acorde de séptima disminuida; por ejemplo:

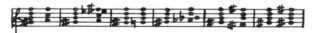

Fa mayor, sol menor, Do mayor, Mi bemol mayor, si menor, La mayor

Objetivo:

Juego cadencial con $^{t}\mathcal{D}^V$ como cadencia evitada:

$$t \quad _3^6 D \quad {}^t\mathcal{D}^V \quad D_4^{6\,5}_3 \quad t$$

LA ÓPERA (1600-1900)

EL TRAZO AMPLIO

Un cartel que deba captar a los transeúntes exige, en formato y colorido, cosas distintas que una ministura, que puede contar con un sujeto contemplador que quiere ver y que llega a verla por iniciativa propia. El tipo de música al que la ópera *también* pertenece (con un porcentaje de atención del 20 al 80 %, rara vez del 100 % como la de concierto) tiene que llamar la atención de un modo más drástico que el cuarteto de cuerda, que no tiene por qué temer ninguna distracción.

Un decorado de 20 × 10 m de formato se pinta con diferentes pinceles que una acuarela de un formato de 50 × 70 cm. Una forma musical de dos a cuatro horas de duración requiere una disposición de más amplio espacio que una concentrada obra de veinte minutos de música absoluta.

Presentaremos mediante dos pasajes ese amplio trazo, ese lenguaje musical superclaro de la ópera, que en una obra para sala de concierto podría darnos perfectamente la impresión de ser algo demasiado superficial, demasiado indiscreto, demasiado penetrante, demasiado primitivo en una palabra.

Carmen, acto tercero, un salvaje roquedal montañoso. Golpes de dos octavas; a continuación una melodía en do menor de cuatro compases:

En el tercer compás ésta modula a Mi bemol mayor. Repetición de la melodía, esta vez con retromodulación hacia do menor en el cuarto compás. De nuevo las melodías 1 y 2 con instrumentación modificada. Una variante de diez compases de la melodía, seguida inmediatamente de nuevo por las melodías 1 y 2. Acto seguido, entrada del coro de gitanos «Écoute, écoute, compagnon, écoute», al que en su curso ulterior subyacen todavía dos veces las melodías 1 y 2: Por tanto, en un corto número de compases, cinco veces el mismo grupo de ocho. No hay obra alguna de sala de concierto que soporte, para empezar, tanta repetición.

«Prends garde de faire un faux pas», cantan los que descienden por la roca, mientras la armonización de Bizet ilustra teatralmente la dificultad del sendero:

Ese sendero conduce a *una octava más grave:* ni un solo caso está asegurado, y cada uno de ellos lleva a una tríada aumentada que, por así decirlo, obliga a los que bajan a recurrir a las manos, ya que el fundamento del acorde no permite estar de pie. La idea es genial y constituye un típico recurso operístico.

Aída, acto cuarto, segunda escena. Radamés se entera por Amneris de que Aída vive y sólo ha muerto su padre. Subyace a la narración de los dramáticos sucesos un inventivo compás de paulatino y progresivo ascenso cromático, tonalmente ambiguo.

¿Existe aquí un encuadramiento cromático de la quinta de mi bemol menor o apunta ese compás a un acorde de sexta de Do bemol mayor? Es, por lo tanto, *Mi bemol* una tercera o una fundamental, o empieza siendo una cosa para ser después la otra? No se trata de una progresión regular ascendente. Aquí cuatro compases, allí tres, varias veces sólo uno sobre un grado; también al mismo tiempo una estructura triádica irregularmente conformada:

Después de un Si mayor laboriosamente conquistado

canta Radamés «Gli dei l'adducano salva alle patria mura». Y sigue entonces en cuatro arremetidas el diálogo decisivo, redactado por el libretista —gran conocedor de las exigencias de su oficio—, de un modo muy indicado.

A.: Ma, s'io ti salvo, giurami che più non la vedrai!
R.: Non posso!
A.: A lei rinunzia per sempre e tu vivrai!
R.: Non posso!
A.: Anco una volta: a lei rinunzia.

R.: È vano.
A.: Morir vuoi dunque, insano?
R.: Pronto a morir son già!

He aquí el extracto armónico de los cuatro grupos dialogados. Son dos grupos idénticos: una octava vacía se llena dando lugar a una D_7. Pero esa séptima, correctamente resuelta, no se convierte en la tercera de una tónica, sino en fundamental de otra D^7, cuya tercera, tomada como octava vacía, se convierte en fundamental de la siguiente D_7. Amplificación en la tercera fase del diálogo: cuatro acordes en vez de tres; tres movimientos cromáticos ascendentes en vez de uno en la voz superior; en vez de una o dos, tenemos ahora tres sorprendentes progresiones armónicas (señaladas con !). Cuarta fase del diálogo: clara renuncia, disposición a la muerte. Inequívoca cadencia en do menor.

Ambos pasajes de esta escena, a pesar de ser tan diferentes, emplean el mismo medio de indefinición tonal (¿qué nota constituye la base?) y el mismo cromatismo en progresión ascendente. Extienden de ese modo el estado de tensión sobre un gran plano, algo muy indicado en la ópera.

ARMONÍA DE CONFIRMACIÓN Y DE ACCIÓN (EL ARIA Y LA ESCENA)

Dos fragmentos del *Don Giovanni* de Mozart. El aria de Don Ottavio («Dalla sua pace»), número 10*a*, constituye como aria da. capo, con una reexposición ampliada y confirmativa, la expresión de un sentimiento inalterable: aquí canta un amigo que merece confianza.

Parte A: un cicatero Sol mayor. Parte B: empieza en sol menor, se mueve hacia Si bemol mayor y, en una modulación imprevisible, hacia si menor. Reexposición entera ampliada, de nuevo un diáfano Sol mayor a lo largo de 38 compases. Un marco en Sol mayor de confortable estabilidad y una parte central de escaso movimiento.

En máxima contraposición a este modo de construcción tenemos el número 2 de esta ópera, el Recitativo accompagnato. Donna Anna y

Don Ottavio descubren el cadáver del Comendador. Presentamos el texto de la escena. Las unidades tonales están indicadas debajo de él; indicamos con → las modulaciones lógicas y comprensibles, y con 〰➤ las vías de modulación inesperadas y *caóticas*. Las situaciones tonales de matiz equívoco están señaladas con un ?
Véanse en este sentido las páginas 194-195.

La brevedad de las unidades tonales correspondientes a Donna Anna indica lo afectada que está por el terrible suceso. Las órdenes de Ottavio, en cambio («Ah, soccorrete amici...»/«Celate, allontanate...») o sus objetivas afirmaciones («il duolo estremo») delatan su superioridad y su distancia mediante una disposición en grandes planos. El infalible instinto de Mozart sitúa el punto culminante del embrollo tonal en la exclamación de Donna Anna «padre amato».

Es algo muy ingenioso en esta situación el que también permanezcan abiertos los tres cortos fragmentos orquestales: los dos primeros terminan semicadencialmente en la dominante, el tercero en una cadencia evitada (Sol mayor como tG en si menor). E incluso a nivel del nexo más pequeño, la parte orquestal se encarga de neutralizar todas las estructuras cadenciales finales, puesto que cualquier acorde, concebible como conclusión de tónica, se convierte inmediatamente en punto de partida de una nueva modulación.

He aquí dos ejemplos:

Como ejemplo intermedio, estúdiese el dueto del número 2, que sigue inmediatamente al Recitativo accompagnato que acabamos de analizar: se trata de un dueto *de acción* que conduce a una situación conclusiva estabilizadora. Como resultado de agitadas modulaciones (odio, desconcierto, equivocación, aflicción fúnebre, consuelo y decisión de venganza) aparece al final un gran plano tonal (una toma de decisión,

Orquesta   D. A.: Ma qual mai s'offre, o Dei spettacolo funesto agli occhi miei!   Orquesta   D. A.: il padre! padre mio! mio caro padre!

Sol mayor → do menor   → fa menor

Quel sangue...   → Do mayor   → Re mayor

D. O.: Signora ... D. A.: Ah, l'assasino mel trucidò.

⤳ La bemol mayor

quel volto...   tinto e coperto del color di morte...

→ Fa sostenido mayor

quella piaga...   → Mi mayor

Orquesta   D. A.: Ei non respira più, fredde ha le membra   Padre

→ si menor → Sol mayor   → Do mayor   → re menor

mio... caro padre...   padre amato...   lo manco...

?   ⤳ Mi bemol mayor   ⤳ re menor   ⤳ la menor

io moro...   D. O.: Ah, soccorrete
amici, il mio tesoro
Cercatemi...   recatemi...   sposa...

→ mi menor

→ Do mayor

---

qualche odor, qualche spirto...   Ah, non tardate...   Donn'Anna...

→ ¿Do mayor?   → ¿Sol mayor?   → ¿la menor?   ¡la menor!

→ Do mayor

---

amica...   il duolo estremo
la meschinella uccide!   D. A.: Ahi!   D. O.: Già rinviene...   Datele

→ do menor   → sol menor

---

nuovi aiuti...   D. A.: Padre mio...   D. O.: Celate, allontanate agli occhi suoi
qual'oggetto d'orrore.

↑

Anima mia...   consolati...   fa core!

la menor   → re menor

reforzada férreamente por el juramento de venganza; unidad de los amantes en el sufrimiento).

LA SENSIBLE DESCENDENTE ITALIANA

En una serie de escritos sobre la pedagogía y la teoría de la música erran fantasmagóricamente las más peregrinas tesis sobre la *energía de las escalas*. ¡Aquí manda la naturaleza! Aquí se introduce en el material tonal una interpretación de manifestaciones de la voluntad, cuando se trata en realidad de cosas condicionadas por la historia y de una larga tradición de voluntad compositiva a la que siempre se ha sometido, desde luego, el material.

Digamos que *Do, Mi* y *Sol* serían (en Do mayor) notas *estáticas* —¡qué bien suena eso!—, que sin necesidad de complemento alguno darían ya, por sí mismas, un sentido. *Re* y *La* serían notas *neutrales*, y *Fa* y *Si, dinámicas*. (En vista de lo cual, y consecuentemente, *Si* tiene que buscar el *Do* y *Fa* el *Mi*, de manera que la serie de grados subdominante-dominante, o sea, la voz del bajo *Fa-Sol*, ¡sigue un curso contra naturam!) De este modo se pretende, en fin, ignorar que las diferentes series armónico-funcionales obligan al material tonal a querer cosas distintas según el contexto armónico, para soñar en la existencia de un Mundo Tonal Mayor melódicamente puro.

Los apóstoles de la energía de la escala remiten a la sensible descendente en la prueba de verificación de trivialidad de la *second-hand-Musik* (música de segunda mano) del siglo XIX. En tal discrepancia entre la conducción de la melodía y la energía de la escala ven criterios objetivos para la insulsez de determinada música. Sólo una escasez de conocimientos de la literatura musical puede conducir a tamaño malentendido, dado que la sensible descendente tiene una antigua tradición y toda una gloriosa historia.

Veamos, para empezar, algunos ejemplos de antiguas canciones populares italianas.

(Venecia)

(Toscana)

(Abruzos)

No podemos ignorar en absoluto la presencia de este giro melódico en la ópera italiana. Veamos unos ejemplos de Rossini y de Verdi.

Rossini, *El barbero de Sevilla*, aria del Conde:

Verdi, *Rigoletto*, cuarteto, número 11:

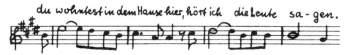

Rigoletto, número 10:

[Duque de Mantua]

No siendo acaso en un principio otra cosa que una de tantas posibilidades de formación melódica, este giro se convierte en la ópera italiana del siglo XIX, cada vez con más claridad, en el vehículo de la expresión pasional. El canto del fuego amoroso, del deseo vehemente y de la nostalgia halla en ese giro su apogeo melódico.

Veamos unos ejemplos de *Rigoletto* y *Aída*, como también de *Carmen*.

Rigoletto, número 7:

[Duque]

Rigoletto, número 8:

[Rigoletto]

Aída, número 6 (utilizando el motivo que inicia el Preludio de esta ópera):

[Aída]

Aída, número 12:

[Aída]

Carmen, dueto, número 6:

[Micaela]

(Comparemos en Beethoven: «Strahlt dein Bildnis» de «Adelaide», así como «Was ein liebend Herz geweiht» de «An die ferne Geliebte» [«A la amada lejana»].)

No es de extrañar, pues, que compositores de talla muy inferior, esforzándose por alcanzar esa misma intensidad expresiva, hayan echado mano enseguida de ese medio, aun siendo incapaces de crear el marco que le corresponde. Pero el mal uso experimentado en piezas de mala calidad no le quita a un medio de expresión ni un ápice de la fuerza revelada en las grandes obras operísticas: más bien se la confirma.

UN PELIGRO INMINENTE

Es imposible captar todo el contenido expresivo de un fragmento de ópera partiendo sólo de los medios empleados en él. Tiene una importancia decisiva también lo que acaba de ocurrir o lo que ocurre a continuación. ¿Preparación, desarrollo, transición o un duro contraste?

Sólo podemos percibir la inminencia de un peligro cuando la sección anterior nos ha dejado en el oído un mundo seguro. Difícilmente puede un compositor por sí solo imponer la adecuada disposición de los medios expresivos; ya antes del comienzo de su trabajo tienen que estar correctamente delineados los cambios de vías. Es tarea del libretista facilitar al compositor un empleo idóneo de sus medios de expresión.

Fidelio, final del acto I. «O welche Lust in freier Luft» (Qué placer estar al aire libre) y «Wir sollen mit Vertrauen auf Gottes Hilfe bauen» (Debemos confiar en la ayuda de Dios). Dos secciones de música sobria, de armonía preclásica, en Si bemol mayor y Sol mayor respectivamente, mientras los presos disfrutan de una corta libertad en el patio de la prisión. Breve modulación, semicadencia en Fa mayor. Octava sostenida en *Fa*. Anotación: «Entonces hace su aparición un oficial sobre el muro y vuelve a alejarse». Brusca subida cromática de la octava a *Fa sostenido*, desaparece la seguridad tonal y reina en el ambiente una sensación de inseguridad. Siembra angustia, acto seguido, el súbito cambio de los medios armónicos. Un plano cerrado de acordes de séptima, sin salida, sostiene el siguiente Coro de los prisioneros («Seid leise... wir sind belauscht ...» [Hablad bajo... nos escuchan]). El esqueleto armónico de estos 22 compases es sencillo:

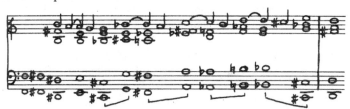

Pero no son estos cuatro acordes de séptima disminuida en sobrio desplazamiento semitonal lo que oprime a uno el corazón, sino el contraste de lo que está sonando con lo que acaba de sonar. Hábil disposición de Beethoven de las dos frases del segundo preso: recita su alarma sobre una sola nota hasta el cambio a una sección en $\mathcal{D}^V$, de tal manera que su nota conclusiva sufre ambas veces un descenso cromático:

El hecho mismo de que los trombones no se utilicen en *Don Giovanni* más que en la *Escena del cementerio* y en el final de la ópera, da gran peso a la aparición del Comendador, primero como estatua parlante y por último como ejecutor de una sentencia. Se añade a ello esa fuerza expresiva, conocida ya por otros ejemplos, de unos acordes de séptima disminuida que aparecen apiñados, siendo continuados, en la mayoría de los casos, inesperadamente. Es digna de observación la armonización que emplea aquí Mozart, basada en un modelo que volveremos a encontrar en numerosas obras de los períodos clásico y romántico. Un ascenso cromático del bajo con esta repetitiva serie de acordes: acorde de séptima disminuida, acorde menor de cuarta y sexta, acorde de séptima de dominante:

Tonalmente indefinible, este modelo se mantiene, sin embargo, en un mismo ámbito tonal, puesto que en todas sus exposiciones se repite el mismo acorde de séptima disminuida para volver a alcanzar, al cabo de doce acordes, su estructura inicial. Como es natural, este modelo se puede seguir o abandonar en cualquier momento.

Digamos, desde luego, que Mozart más que a base de maquillaje, vestuario e iluminación, consigue gracias al empleo posterior de un medio de armonización muy singular, separar en la composición la aparición del Comendador de las demás criaturas de carne y hueso. Para empezar, la impasibilidad de su canto *no es de este mundo*. (Recitación sobre una nota, soportada por unas armonías cambiantes.) Pero después está aquella invitación, realmente terrible, hecha a Don Giovanni. El lento ascenso cromático de la voz no está armonizado aquí como de costumbre por acordes sustentadores: ella misma es a la vez melodía y fundamento del acorde. (¿O ninguna de las dos cosas?) Dicho escuetamente: conducción en octavas de la voz y el bajo de la orquesta.

Cierto es que ocasionalmente hallamos un unísono de la voz y el bajo de la orquesta en arias para bajo. Pero en esos casos el cantante canta inconfundiblemente la parte del bajo de la partitura, dejándoles la melodía a los instrumentos. Lo vemos, por ejemplo, en el aria de Sarastro («O Isis und Osiris» de *La flauta mágica* de Mozart:

Pero no ocurre lo mismo en el pasaje del Comendador: el solo hecho de la alta tesitura de la voz excluye por definición a la *Línea del bajo en la composición*. Falta también un proceso orquestal calificable de melodía: hay armonías que se desplazan, eso es todo. Pero del mismo modo que en los cuentos chinos reconocemos a los espíritus, o sea, a *las zorras*, por el hecho de que no proyectan sombra, la existencia ultraterrena del

Comendador está representada en la inesencialidad de unos acordes que carecen de lo superior y de lo inferior, de peso terrenal alguno: nada los sustenta y no sustentan nada.

Conviene escuchar este pasaje a base de tocarlo y cantarlo muchas veces; se torna aún mucho más terrorífico para un oído muy atento: se convierte en algo que se sale del lenguaje de la época. Porque habrán de pasar cien años para que esa técnica de tratamiento de los acordes se convierta en *lenguaje de la época* en la música de Debussy. Ésta sustituye la armonía funcional por una serie de acordes que no diferencia entre voces participantes como sustentadoras y como sustentadas, sino que avanza encerrada en *una* voz marco que suena por encima y por debajo.

LA SALVACIÓN

El menosprecio de las normas del tratamiento de los acordes y de sus leyes de enlace puede poner de resonante manifiesto la fuerza de voluntad de un héroe o también la fuerza de unos poderes que irrumpen ferozmente sin plegarse a ordenamiento alguno.

Pero también la salvación y la liberación pueden hallar su estructura musical en la salida violenta desde un estilo de composición obligatorio generalmente aceptado. Cuando unos acordes tonalmente alejados se enlazan sin esfuerzo, cuando unas voces actúan sin dificultad contra la imposición de la resolución del retardo (en épocas que respetan por sí mismas la soberanía de las relaciones tonales y de las leyes de conducción de las voces), esa música que suena está entonces en el umbral de la redención, y ha abierto la puerta de entrada a otro mundo. Una música en el umbral de la muerte.

Dos ejemplos: Clorinda, herida de muerte por su amado, entra en la paz eterna cantando su último giro melódico en los últimos compases del «Combattimento» de Monteverdi, porque está ya liberada también de la terrena obligación de resolver el retardo de cuarta:

Aída está encerrada con su amado Radamés en una bóveda subterránea. Cuando Verdi escribió esta ópera en 1870, las correspondencias de tercera no constituían ya ningún medio fuera de serie. Pero en el entorno momentáneo de este pasaje, el canto previo de Radamés «Morir! si pura e bella!» y el comienzo de la cantilena de Aída «Vedi? di morte l'angelo» están compuestos con la sencillez del canto popular en el lenguaje de la armonía funcional clásica, «Già veggo il ciel dischiudersi» merced a la entrada inmediata de una serie de acordes en correspondencia de tercera. Veamos el esquema armónico:

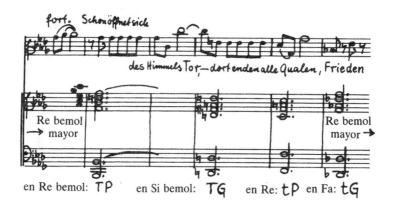

EL PUNTO CULMINANTE

El sufrimiento, la súplica, la maldición, el odio, etc., puntos de la culminación emocional, introducidos de modo planificado por el libretista en el curso de una acción operística (planificación: han de estar separados entre sí con suficiente claridad para evitar el peligro de la inflación de los afectos y del desgaste de los medios de expresión musical), retan al compositor a llegar a los límites mismos de las posibilidades que ofrece el lenguaje de su época.

Hay dos pasajes de *Fidelio* y otros dos de *Aída* que se prestan a ilustrar, junto a una semejanza total de los medios armónicos utilizados, dos tipos opuestos de compositor. Las voces de Beethoven *expresan*, los cantantes de Verdi *cantan*. El canto expresivo de Beethoven corre peligro de sobrepasar los límites de lo técnicamente posible; el canto de

Verdi bordea el peligro de estancarse en una belleza anónima de neutra expresión.

La problemática del tratamiento de las voces en Beethoven no es ahora objeto de nuestro interés. Vamos, en cambio, a demostrar claramente, mediante un pasaje del comienzo del acto II, que la voz sin acompañamiento *puede expresar*.

Florestán está en la mazmorra. «Gott welch Dunkel hier» (Dios, qué oscuro es esto) inicia su monólogo, que deja la medida de su humilde sufrimiento en manos de Dios. Ese sufrimiento se revela monstruoso en la conducción casi atonal de la voz:

Vemos en el proceso armónico dos cadencias evitadas en D-tG que se siguen inmediatamente: expresivo en extremo, si atendemos a la sencillez de la armonía cadencial precedente y siguiente.

¡Qué distinto es Verdi! Amonasro pide misericordia para sus compañeros de cautividad, pero su melodía en Fa mayor ignora la intensificación de la expresión en el acompañamiento armónico orquestal. Su intensidad de cantante se reduce a la bella melodía:

En la orquesta, sonoridades evocadoras de gran atractivo. Un lenguaje sorprendente, idóneamente utilizado; ¡un lenguaje que el monarca invocado *no puede* desoír! Fa mayor, Mi mayor, Si bemol mayor (como acorde de D^7) que se siguen inmediatos bajo una melodía que transcurre en Fa mayor. Sin embargo, ésta sufre una extraña tensión por efecto de los acordes básicos sustentadores. El *Mi*, sensible, es al mismo tiempo, momentáneamente, octava; el *Fa*, la octava, es, por un instante, la quinta de un acorde de séptima de dominante. Este fragmento puede interpretarse como variante de T S$^{6<}_{5}$ T. Pero, al introducirse la S$^{6<}_{5}$, el *Si bemol* base no ha sido alcanzado aún por el movimiento cromático del bajo; el *Re*, tercera, está precedido todavía por el *Mi* del retardo de cuarta, y la quinta no está aún en el acorde, siendo introducida por el soprano en resolución ascendente. Pero este cuádruple esfuerzo direccional del acorde S$^{6<\,\frac{5}{3}}_{1<1}$ de ningún modo *fuerza* aquí nada, sino que descansa como acabada sonoridad del acorde de cuarta y sexta de Mi mayor producido inesperadamente *(disonancia interpretativa)*.

El intento de Amneris de suavizar la sentencia es abatido por la destructura acusación «È traditor, È traditor, morrà» de Ranfis y los sacerdotes. Interesante paralelismo con el pasaje de *Fidelio* que acabamos de ver: el mismo doble ascenso cromático y dos cadencias evitadas en D-tG. Modelo:

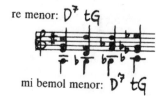

re menor: D^7 tG

mi bemol menor: D^7 tG

Como polo opuesto del pasaje de *Fidelio*, este proceso casi escondido está enmarcado en un inocuo La mayor en las voces exteriores:

Prima la bella, convincente y llana conducción de las líneas en la voz y los instrumentos.

El público queda desconcertado al comienzo del cuarteto número 14 (*Fidelio*, 2.º acto) ante el cambio de entonación de un Pizarro lleno de odio que se da a conocer a Florestán cuando está a punto de asesinarlo. («Er soll erst wissen, wer ihm sein stolzes Herz zerfleischt ... Pizarro ... steht nun als Rächer hier» [Debe saber primero, quién va a desgarrarle el soberbio corazón... Pizarro... está aquí ahora como vengador].) Bajo el canto *beethoveniano* que renuncia a toda belleza melódica

tenemos ese modelo armónico, ya conocido y varias veces acreditado: acordes menores de cuarta y sexta, de séptima de dominante y de séptima disminuida sobre un bajo cromático ascendente:

Y de pronto, mientras se sigue cantando el mismo texto, el incomprensible cambio en el lenguaje musical. Un inocuo y ágil Re mayor, de ópera bufa. También el «Ein Mörder steht vor mir» (Tengo delante a un asesino) de Florestán, suena en un marco cadencial sin compromiso. Sólo una mirada al curso ulterior de la escena nos da la explicación. Veinticinco compases mas adelante: «Leonora se lanza hacia adelante emitiendo un grito desgarrador y protege a Florestán con su propio cuerpo». Ese momento, sobre el que se enfoca la acción entera de la ópera, requiere un nuevo punto culminante armónico que, para llegar a ser eficaz, necesita a su vez el contraste del plano precedente. En el momento decisivo irrumpe una progresión convencional en La mayor que, inesperadamente, se acelera hacia el punto culminante: un *Mi sostenido* (como tercera de Do sostenido mayor) aparece en lugar de *Mi* como fundamental de Mi mayor:

Sigue inmediatamente después una vuelta del lenguaje musical a lo usual, haciendo posible, nueve compases más adelante, el efecto del siguiente punto culminante inesperado:

El *Fa sostenido* de la voz, al principio tónica de fa sostenido menor, cambia súbitamente de función, pasando a ser sensible en la D^7 de Sol mayor. Nueve compases en cuarteto, en un convencional Sol mayor se dirigen hacia una nueva culminación: Leonora canta («cubriendo de nuevo a su esposo con su cuerpo») «Töt erst sein Weib» (¡Mata primero a su mujer!) en el inesperado cambio de tonalidad Sol mayor-Mi bemol mayor (T tG), y así sucesivamente.

La discreción del lenguaje de la época sólo permite *puntos culminantes* y breves secciones culminantes. Únicamente la música nacida entre Wagner y Mahler conocerá extensos planos extáticos (tras lo cual —como reacción extrema— frecuentemente veremos en la obra de Webern notas individuales convertidas en concentrados puntos culminantes.

Así, cuando en las óperas clásicas los momentos especiales se suceden en apretada secuencia, como en la escena hablada, el compositor se ve obligado a reducir drásticamente la intensidad del lenguaje en los períodos intermedios. Ningún oyente percibirá esta reducción: sólo quedarán grabados en la memoria esos momentos de gran relieve plástico.

Estúdiese esa escena entera de *Fidelio*; constituye un ejemplo de la moderación típica del arte clásico de Beethoven.

LA DISPOSICIÓN TONAL DE LA GRAN FORMA

En el acto primero del *Lohengrin* de Wagner se aprecia claramente la planificada aplicación de una armonía que articula toda una hora de música. Al mismo tiempo, está claro que en este caso no fue el compositor el primero en *componer*, sino el libretista, el cual concibió en detalle el ordenamiento armónico.

El acto primero se inicia en La mayor, la tonalidad del Preludio, dirigiéndose, a los cuatro compases, hacia Re mayor y, cuatro compases después, hacia Do mayor. «Aquí sube el telón», señala Wagner en el primer acorde en Do mayor. Tras afirmar el espacio en Do mayor durante cuatro compases, cuatro trompetas sin acompañamiento de la orquesta tocan desde el escenario la llamada del rey:

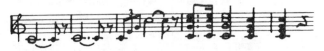

Una tríada perfecta en Do mayor resuena en el canto que sigue del heraldo real, en las palabras «Heinrich, der Deutscher König kam zur Statt» (Enrique, el rey alemán, ha llegado para presidir), igual que en el coro de sus vasallos de Brabante que contestan diciendo: «Willkommen, König, in Brabant» (Bienvenido a Brabante, majestad). De nuevo resuena sobre el escenario la llamada real en Do mayor de las cuatro trompetas; el rey Enrique se vuelve a los brabantinos: a través de la nota común *Mi*; modulación intratonal hacia Mi mayor.

La narración del rey sobre las noticias angustiosas *Drangsals Kunde* y el furor de los húngaros *(der Ungarn Wut)* recorre muchas tonalidades entre Mi mayor y la sostenido menor. Sólo se introduce Do mayor cuando se recuerda la miseria del *Imperio*, como también al final, en las palabras «Was deutsches Land haisst» (Lo que se llama Tierra *alemana*). Inmediatamente en una tríada en Do mayor, la conformidad de sajones y turingios: «Wohlauf! Für deutschen Reiches Ehr!» (¡Adelante! ¡Por el honor del Imperio alemán!).

Federico de Telramund, llamado por el rey para que le informe de la suerte corrida por los hijos del fallecido duque de Brabante (Elsa y Gottfried) y del «Verwirrung» (desconcierto) y las «wilden Fehde» (abiertas hostilidades) motivadas al parecer por Elsa, inicia su informe mientras la atención se separa totalmente de la temática actual en Do mayor dominante hasta entonces, que corresponde a la visita del rey. El Do mayor se apaga, dando lugar a la tonalidad de paso de Do bemol.

A decir verdad, en gran parte, pero no exclusivamente, la acusación de Telramund contra Elsa, a instancia de Ortrud, se mantiene en las tonalidades de Si bemol (Mi bemol mayor, Re bemol mayor, mi bemol menor, la bemol menor, etc., hasta llegar incluso a Fa bemol mayor), llegando también a rozar brevemente Si mayor y Mi mayor. La evitación de la tríada de Do mayor al pasar por la *zona sin armadura* es demasiado clara —tanto aquí como en el resto del acto— como para que no tengamos que hablar de una estrategia del compositor. La menor, Fa mayor, Sol mayor, re menor y mi menor aparecen repetidas veces.

Todos los hombres *(con acento sombrío)* se muestran impresionados por la acusación de Telramund. En su tonalidad, mi bemol menor, entonan aquéllos «Ha, schwerer Schuld zeiht Telramund!» (Ah, Telramund acusa de un delito grave), y la orden del rey de hacer traer a la inculpada y de iniciar el juicio, termina: «Gott lass mich weise sein» (Que Dios me ilumine), en la correspondencia tonal de La bemol mayor. Sólo con gran fatiga las fanfarrias reales, forzando la retromodulación final, vuelven de nuevo a su Do mayor:

Do mayor constituye el marco tonal de los fragmentos siguientes. La misma tríada Do mayor aparece en las palabras que están en cursiva, siendo así apertura o cierre de las frases:

Heraldo: *Soll* hier nach Recht und Macht Gericht gehalten sein?
Rey: Nicht eh'r soll bergen mich der Schild, bis ich gerichtet streng und *mild*.
Hombres: *Nicht* eh'r zur Scheide kehr' das Schwert, bis ihm durch Urteil Recht *gewährt*.[1]

Ha transcurrido una cuarta parte del acto primero: en el resto, la región de Elsa es La bemol mayor, la de Lohengrin La mayor, y el final, tras la victoria de Lohengrin, está en Si bemol mayor. Pero sólo dos veces más aparece Do mayor: una en el grito del rey, quien por dos veces pregunta quién está dispuesto a combatir a favor de Elsa; la segunda en la señal regia que inicia el duelo como juicio de Dios.

Do mayor constituye pues, en este acto, tanto un *leitmotiv* (Deutsch, König, Reich, Deutschen Reiches Ehr, Recht [alemán, rey, honor del Imperio alemán, justicia]) como también un medio de articulación. Por esta razón, la estrechez inicial de los intervalos de tiempo que median entre las regiones en Do mayor y su posterior ensanchamiento continuo, sólo puede sorprender a aquellas personas que no crean aún en las condiciones psicológicas de la música como arte temporal. (Esa tendencia, observable en los rondós, a alargar continuamente el «episodio» en el curso de la pieza, es una prueba más, en otro género, de esa misma necesidad en la disposición de un arte temporal.)

En mi reducción para piano el acto primero ocupa desde la página 4 a la 106. Éstas son las páginas en que aparece la región de Do mayor:

---

[1]   Heraldo: ¿Se va a hacer aquí un juicio según la justicia y la potestad real?
Rey: ¡No me cubrirá el escudo mientras no haya juzgado yo con justicia y benevolencia!
Hombres: ¡No se enfundará la espada mientras un veredicto justo no le dé derecho a hacerlo!

4, 5, 6, 7, 8, 9,   17, 18, 19,   36, 38, 39,   82, 83.

Las fanfarrias reales suenan seis veces, en las páginas

4,   6,   17,   36,   39,   82/83

Entre los grupos de fanfarrias hay

11 páginas,   19 páginas,   ¡43 páginas!

Naturalmente, este recuento de las páginas no constituye ningún método exacto, pues contienen distinto número de compases. Pero incluso un recuento de los compases seguiría siendo inexacto, porque habría que tener en cuenta los cambios de tempo. La medida más correcta estaría en el tiempo de duración de la representación, pero éste vale únicamente para cada representación concreta. De una manera u otra, de lo expuesto ha quedado clara una tendencia, y no nos proponíamos otra cosa.

WAGNER (1857-1882)

Wagner compuso el acto primero de *Tristán* en 1857, y al hacerlo llevó a la armonía, en un gran salto evolutivo, mucho más allá de la posición ocupada aún por Brahms en 1892, en sus últimas piezas para piano, opus 119. En el segundo tomo del ciclo para piano «Années de Pèlerinage» (Años de peregrinaje) de Liszt, las piezas nacidas en 1837-1839 muestran claramente la tendencia a la disolución de la armonía funcional, no quedándole al mismo Liszt mucho camino por recorrer hasta sus últimas piezas para piano casi atonales como la *Góndola fúnebre* de 1882. Pero si tenemos en cuenta también las fechas en que vieron la luz el *Don Pasquale* de Donizetti (1942), el *Hänsel und Gretel* de Humperdinck (1892), la Sinfonía en mi menor de Dvořák (1893), o piénsese en las sinfonías de Chaikovski, tenemos que abandonar cualquier intento de hablar de una evolución continua del lenguaje de una época.

Si en la época clásica se disponía del material armónico, perteneciendo la melodía al ámbito de la inspiración y del lenguaje personal, en la obra de Wagner y de Liszt la melodía pasará a segundo plano; la *melodía infinita* de Wagner se convertirá en un melodismo anónimo. En cambio, lo armónico será el terreno de su fantasía productiva. Aquí surgió, inconfundible e inimitable, un estilo personal, cuya adopción acarreó insoportables epígonos wagnerianos.

Por lo tanto, cuando a continuación hablemos de Wagner, no vamos a referirnos a su tiempo, sino a él en persona y a sus invenciones armónicas personales.

CADENCIAS EN ESPACIO ATÓNICO

He aquí treinta compases de la tercera escena del acto primero de la ópera *Tristán e Isolda*, reducidos al extracto armónico del proceso.

D_7^{898} Do mayor; acto seguido, la T (19) como dominante intermedia que no se resuelve. La alteración ascendente de la fundamental (20) nos lleva a re menor que, sin embargo, es primero eludido mediante una cadencia evitada (22), apareciendo después (23), como acorde de paso. El ascenso cromático del bajo tiende a sol menor, relacionado con re menor mediante una sexta añadida; lo mismo ocurre a los acordes siguientes 'Ɖ^V D.

Compás 27: cadencia evitada en Si bemol mayor, convertido en menor inmediatamente y caracterizado como s_5^6 y relacionado de este modo con fa menor (28). La siguiente $Ɖ_5^V$ que tiende asimismo al fa menor, se resuelve (cambio de interpretación de *Re bemol* por *Do sostenido*) como una Ɖ_Y hacia Re mayor, que funciona como Ɖ^V en Do mayor, seguida de D^{65}_{43}. Una nueva cadencia evitada: tG La bemol mayor (33), es conducido acto seguido a fa menor mediante una superposición inferior de tercera (34). Su dominante se convierte en menor, caracterizándose simultáneamente como s^6_5 del sol menor.

Esta evolución y la que sigue corresponde como progresión a los compases a partir del 27. Esta vez, el inesperado objetivo se llama re menor (38). Y aunque esta tonalidad se extiende a lo largo de siete compases, pierde su seguridad debido a repetidas superposiciones inferiores de terceras y a su conversión en mayor en el compás 41, tras lo cual la reaparición de re menor (*Fa* en el bajo como nota de paso cromática) posee escasa credibilidad tonal. Por medio de la dominante *La*, convertida en séptima de dominante y, por lo tanto, relacionada con *Mi* (45), se abandona de nuevo re menor.

La introducción y el primer acto contienen 4 ♭, 3 ♭, 2 ♭, 1 ♭, ninguna alteración, y 1 ♯, 2 ♯, 3 ♯. Comienza en re menor y acaba en Do mayor. No se puede hablar de una tonalidad global. La clasificación tonal de la sección analizada abarca desde el compás 1 hasta el 65 de la tercera escena. En primer lugar un breve e inequívoco Re mayor y, a continuación, en el compás 66, como alteración un único sostenido. Sin embargo, en ese momento como objetivo de un acorde de D^7 sobre *La bemol*, se alcanza *Re bemol*, que cambia de notación acto seguido por *Do sostenido* como tercera de un acorde de sexta en La mayor...

Los medios cadenciales y modulantes del pasaje estudiado no son nuevos: es la técnica del desarrollo clásico. Sólo que antes la encontrábamos entre una exposición tonal estable y una reexposición que lo era aún más. Por su parte, la ópera clásica estaba equilibrada entre un aria de tonalidad estable y una armonía escénica de acción. En cambio, aquí, aunque ciertamente ha habido también, en algunos pasajes concretos, relaciones de acordes cadenciales clásicos, nos encontramos a gran escala en un espacio carente de centro, en un espacio atónico. (¡Comparar las tendencias observadas en Schumann!)

Ejercicio. Estúdiense en el curso ulterior de esta escena:

a)   las cadencias que alcanzan su tónica, y

b)   las cadencias que la eluden mediante una cadencia evitada, y compruébese la extensión de los pasajes relacionados con una tonalidad.

PUNTUACIÓN INTERNA DEL TEXTO POÉTICO

Parsifal, acto segundo, inmediatamente tras la desaparición de las doncellas-flores.

Parsifal:

Wagner mantiene dentro de un mismo espacio tonal los párrafos que constituyen una unidad. Esta observación es susceptible de inversión: los cambios de ámbito tonal de la voz están situados de tal modo que articulan el texto poético en unidades pequeñas como si fueran su puntuación sonora. Todavía serán menores las unidades tonales si tenemos en cuenta la partitura orquestal; la voz, de cuyas escasas notas no se deducen siempre unos acordes muy claros, permite hacer una interpretación más amplia.

Cuando las secciones tonales no están separadas por pausas, hallamos con frecuencia al nuevo ámbito, introducido de un modo cauteloso mediante la sensible, lo que hace la transición convincente al tiempo que apoya su cantabilidad.

En el ejemplo siguiente —primeras palabras de Klingsor en el segundo acto de *Parsifal*— están señalados cinco cambios de sensible de las regiones respectivas:

Ejercicio. Para comprobar la tesis sobre la mayor fuerza convincente de este procedimiento y su cantabilidad, escríbanse las transiciones tonales de una voz, con y sin enlace de sensible. (Por descontado, ese tipo de ejercicios sólo tienen sentido asumiendo previamente que no pretenden ser otra cosa que un estudio, y nunca una composición en el estilo wagneriano.)

Por ejemplo. Ejercicio: transición de Do mayor a Re bemol mayor.

a) legitimada por la sensible; cantable:

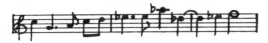

b) sin enlace de la sensible, no es convincente y es además muy difícil de cantar:

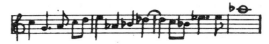

CUATRÍADAS DE LIBRE FUNCIÓN CON ENLACE DE SENSIBLE

Estudiaremos el estilo del Wagner tardío a la luz de cuatro pasajes de *Tristán e Isolda* y de *Parsifal* (1882).

1. Tristán, acto primero, escena 5.ª (Isolda le entrega a Tristán el filtro de la reconciliación).

2. Tristán, acto segundo, escena 2.ª (entre el «Einsam wachend in der Nacht» [Velando solo en la noche] de Brangäne y su «Habet Acht! Schon weicht dem Tag die Nacht» [¡Tened cuidado! Ya empieza a clarear el día]).

3. Parsifal, comienzo del acto segundo, primera intervención de Kundry.

4. Parsifal, pocos compases después.

1 Isolda:

I. Los acordes consonantes—clasificados en los ejemplos con $\boxed{K}$—apenas aparecen ya; acordes de cuatro notas dominan la partitura. Sólo en $\boxed{2}$ suena un acorde de sexta en la menor, estabilizado además por la dominante que lo precede. Por lo demás, sólo hay tres consonancias, en duración de corchea, en el ejemplo $\boxed{4}$, destacando que, en el tercer compás, se trata ambas veces de consonancias de paso, *justificadas* de la misma manera que anteriormente se hacía con las disonancias de paso. Sólo en el primer compás del $\boxed{4}$ se puede percibir la última corchea del tresillo en el sentido convencional de resolución de la disonancia.

En semejante mundo armónico, el oído somete a revisión su concepción del acorde de cuarta y sexta, concibiéndolo también como una *consonancia relativa* (clasificada como $\boxed{K?}$ en el ejemplo $\boxed{3}$), cuando, como en el penúltimo compás del $\boxed{3}$, no se le trata a la manera tradicional de retardo disonante cadencial de cuarta y sexta (lo cual es experimentado por el oyente sólo a través del acorde que le sigue).

II.   En los acordes de cuatro notas nos llama la atención la evitación de disonancias punzantes (segunda menor, séptima mayor). El fragmento está determinado por capas de dos a tres terceras menores y en ningún caso más de una tercera mayor.

Intervalo que completa la octava

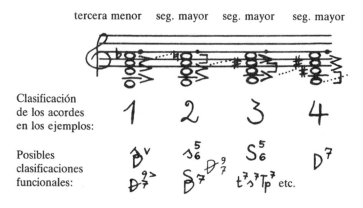

De acorde a acorde existe una modificación cromática (⸱⸱⸱⸱⸱⸱⸱⸱⸱). Esos cuatro acordes aparecen también invertidos, en el caso de que pueda formularse de esta manera. Pues ¿qué nota de los acordes de los grupos 1, 2 y 3 es la fundamental? En el 1 decide la notación, la cual viene dictada con bastante frecuencia por consideraciones de conducción de las voces; en 2 y 3 se dan interpretaciones contradictorias con respecto al bajo. En la interpretación funcional de estos acordes la función de fundamental puede ser desempeñada por varias notas. En este ejemplo, *Si, Re* y *Sol*.

En el enlace de estos acordes dominan las notas comunes y los movimientos de sensible de segunda menor. Bajo el ejemplo [2] esto aparece notado concretamente, aunque pueda aplicarse en general. Guardémonos, sin embargo, de una interpretación exagerada de esa circunstancia, ¡porque los enlaces que no son de sensible de estos acordes no son posibles! En el caso de las terceras menores cada nota interna del acorde podría ser sensibilizada; y como quiera que estos cuatro tipos de acordes no contienen más de una sola tercera mayor, habrá, cuando más, una nota que no será resuelta, en el acorde siguiente, como sensible: ¡la nota de resolución está situada en medio de la tercera mayor!

Prevengo, por lo tanto, contra estas dos posibles tesis:

a)   Wagner dio preferencia a esos acordes de cuatro notas y alcanzó gracias a ellos la sensibilización total en su obra.

b)   El empeño de Wagner por conseguir un enlace de sensible de los acordes, lo llevó a dar preferencia a estos acordes de cuatro notas estratificados en terceras, especialmente indicados para ese fin.

III.   Los cuatro acordes proceden del vocabulario de la música clásico-romántica y (aparte de los acordes consonantes) constituyen sus funciones de significación más importantes. El hecho de que, de todas maneras, les corresponda otro papel en la música de Wagner, se deducirá del análisis de su conducción. Resueltos en forma de D^7, D^6_5, s^6_5 o $\mathcal{D}^V$, son muy poco frecuentes. Sólo la D^7 entre ellos brinda una expectativa de conducción inequívoca en vista de la ambigüedad de los otros tres acordes.

Pero si de modo uniforme, y en contra de la costumbre tradicional, se efectúa una conducción ulterior de los cuatro acordes, podemos encontrarnos como consecuencia una sensación de engaño debido a una conducción inesperada de la D^7.

Las teorías armónicas definen de manera muy diferente lo que es una cadencia evitada. Vamos a permitirnos, por lo tanto, un intento de sistematizarlas:

1.   Definición más estricta: sensible → tónica, en la voz superior en la sucesión de acordes, dominante-representante de la tónica.

2.   Otro enfoque: la misma sucesión de funciones, no estando la sensible en la voz superior.

3.   Otro enfoque más: sensible → tónica en la voz superior, con otro acorde cualquiera debajo.

Lo más frecuente: es también posible:

4. Enlaces similares, en los cuales sensible → tónica no está en la voz superior.

5. En su sentido más amplio: cualquier conducción de una D^7, que resuelva en un acorde que no contenga la tónica.

6. Por último, aquellos encadenamientos que mantienen la sensible.

En 4, 5 y 6 no cumplen con la expectativa auditiva, pero no fingen en absoluto la resolución en la tónica y, por lo tanto, no engañan. Vemos, en consecuencia, que donde más claramente existe una cadencia evitada en forma de cadencia final simulada es en la 1 y la 3, aunque existe también, menos clara, en la 2. Pero lo decisivo es la posición de la serie de acordes dentro del contexto; ¡aunque no hay que atribuirle una intención cadencial a cualquier enlace de D^7-T! Además, la elusión conclusiva sólo puede producirse en una música que no engaña *constantemente*.

Sin embargo, la tónica eludida es la norma en el Wagner tardío y la resolución en la tónica la excepción. Vemos que nuestros ejemplos sólo contienen una sola serie D^7_5-t_3 (→), y en cambio, cinco *cadencias evitadas* de los grupos 1 y 3, señaladas con ⌐⌐→ , mientras que todas las demás conducciones de acordes de D^7 pertenecen a los giros conclusivo-elusivos en su sentido más amplio de los grupos 2, 4, 5 y 6.

Por lo tanto, sería mejor no hablar siquiera de cadencias evitadas y en consecuencia, no hablar tampoco de función de dominante en el acorde de cuatro notas (v. apartado 4 anterior); la tríada mayor con séptima menor. Nadie puede suponer que una música de categoría pida ser escuchada como una continua *evitación de*, como un perpetuo engaño de su propio significado, sino que lo que en ella acontece de forma prioritaria ha de ser admitido como su propia norma. Yo, personalmente (y a este respecto cada uno debe hallar su propio punto de vista), no hablaría de cadencia evitada en ningún pasaje de nuestros ejemplos.

Estudiemos el tratamiento que da Wagner a los otros tres acordes de cuatro notas.

[1], segundo compás: mediante un movimiento de semitono se origina un acorde de séptima disminuida, que desaparece por otro movimiento de semitono en otra voz.

[3], octavo compás: *Sol sostenido* tendría que ascender y *Re* y *Fa* deberían resolver descendentemente en el de séptima disminuida *Sol sostenido-Si-Re-Fa*. Sólo *Re* recibe un tratamiento correcto y es conducido hacia *Do sostenido, Fa* se mantiene y *Sol sostenido* es desviado descendentemente hacia el *Sol*.

Dos compases después: *Do sostenido* debería ascender, *Sol* y *Si bemol* tendrían que resolver descendentemente. *Do sostenido* es tratado correctamente, y *Sol* y *Si bemol* son desviados ascendentemente hacia *Sol sostenido* y *Si*.

Se comprobará también al analizar el encadenamiento de los acordes de los grupos 2 y 3, que rarísimamente se observa un tratamiento correcto del tipo s_3^6, S_3^6, $\overset{S}{D}{}^7$, o de un acorde de séptima menor, y que la normal resolución de las notas es generalmente desviado: el acorde del segundo compás de [3] no es ni *Re-Fa-La bemol-Do*, es decir, $\overset{S}{D}{}^7$ en Mi bemol mayor, ni *Fa-La bemol-Do-Re*, s_3^6 en Do mayor o menor.

En vista de los encadenamientos precedentes, lo único que, con esfuerzo, se podría interpretar funcionalmente —como por arte de magia— sería: *Mi sostenido-Sol sostenido-Si-Re* como un D^V relacionado con Fa sostenido mayor, con lo cual se alteraría el *Si* a *Si sostenido*: D_7^{V5} <. Pero ¿qué tiene que ver semejante gimnasia intelectiva con la música de Wagner?

IV. Los cuatro acordes, conocidos ya por la música anterior, y caracterizados allí por unas tendencias inconfundibles, se han convertido en material armónico libre; ya no se puede esperar, intuir con antelación sus acordes resolutivos. Las notas antes claramente definidas en su resolución, han dejado de *tender a*. Las disonancias contenidas en esos acordes ya no son como ocurría antes, características de una función de S o de D.

Es común a los cuatro acordes el suave nivel disonante. Cuando hay disonancias más punzantes, como la séptima mayor, la novena menor o la segunda menor, son siempre conducidas en movimiento de segunda y resueltas en acordes con un nivel de disonancia más suave. En los ejemplos están indicadas con una V las estructuras de retardo.

[1], primer compás: novena menor *Sol-La bemol*. El *La bemol* es

resuelto ascendentemente en *La* y el *Si bemol* siguiente, que representa una fuerte disonancia con respecto a *Si*, es resuelto en un *Si*.

[1], cuarto compás: la voz y la orquesta contienen con su *Re sostenido* y su *Fa*, fuertes disonancias respecto a *Mi*, resolviéndose ambas en un *Mi*.

Los últimos cinco compases de [3] presentan en la voz aguda de la orquesta punzantes disonancias que resuelven a veces descendentemente (séptima mayor en menor, novena menor en octava) y a veces ascendentemente (novena menor en mayor, séptima mayor en octava).

En el caso de las disonancias fuertes se puede hablar perfectamente por lo tanto, en el sentido tradicional, de retardos, pese a que ya no está reglamentada la dirección de la resolución. Pero el cuadro armónico se nos torna confuso por el hecho de que también los restantes movimientos de segunda que determinan la partitura sugieren una resolución de retardos. El hecho de que en Wagner quede suprimido el efecto de suavizamiento del nivel de disonancia, no es válido como argumento, puesto que desde la época de Bach (véanse las resoluciones de acordes de séptima con salto descendente de quinta) sabemos de la existencia de resoluciones en acordes también disonantes. Nos sentimos por lo tanto inclinados, por un lado, a considerar todos los movimientos de segunda como resoluciones de retardo, y por otro, en sentido totalmente opuesto, a distanciarnos completamente del concepto de retardo.

V. Ejemplo [1], segundo compás: *Mi* y *Si bemol*, la tercera y la séptima de la dominante, son desviadas en contra de su tendencia tradicional en la D⁷. Pero, para empezar, la nota más estable del acorde, la fundamental *Do*, se comporta como un retardo y se resuelve hacia *Re bemol*. La conducción de *Mi* hacia *Mi bemol* origina en la última corchea del compás un D₇ *Re bemol-Mi bemol-Sol-Si bemol*, con lo cual precisamente la nota disonante *Re bemol* se comporta como fundamental y demuestra su estabilidad con un gran salto descendente, mientras que las tres notas consonantes son conducidas como sensibles. La fundamental de la D⁷ es conducida descendentemente en el antepenúltimo compás de [3].

[2], primer compás: situado entre *Fa* y *Sol sostenido*, el *Sol* ejerce en la última negra de la voz central el efecto de una nota de paso, aunque se trata de la fundamental Sol mayor.

Aunque comprobamos de esta manera que las notas consonantes y disonantes de los acordes reciben ahora el mismo tratamiento, todavía no damos con la verdad. Porque ¿qué es una nota disonante en una partitura semejante? Se esfuma la diferencia tradicional entre las notas propias y las añadidas. No se trata ya de que una nota añadida a un acorde consonante produzca una disonancia, y quede obligada a comportarse y resolverse de forma determinada, sino de que el acorde cuatríada wagneriano es una unidad armónica compuesta por cuatro notas de igual importancia, que hay que tratar de la misma manera y de las cuales ninguna es ya una nota añadida a un acorde fundamental.

VI. Las sensibles tendían antes a la tónica, la séptima de dominante a una resolución en sentido descendente, la disonancia de segunda entre la quinta y la sexta característica de la subdominante tendía a una resolución en la tercera (ya fuese S_5^6 D o S_5^6 D$_4^b$). Casi todas las notas de las composiciones wagnerianas resuelven, pero les falta aquella expectativa de resolución característica de las sensibles de antes. Sólo a posteriori sabemos qué notas de un acorde cuatríada wagneriano deberíamos haber percibido como sensibles; las tendencias resolutivas pueden ser, sólo tras la audición de un segundo acorde, proyectadas hacia el primero, si bien no son identificables en éste. El oyente escucha esta música y la recuerda después, pero no puede seguir siendo aquel oyente «activamente sintético» de Beethoven que, por así decirlo, compone al mismo tiempo que escucha, tal como formulara Besseler en su escrito, digno de lectura, «Das musikalische Hören der Neuzeit».

La situación es ahora, naturalmente, distinta, y de nuevo más cercana a la música antigua, en sus estructuras de progresión, que en la música de Wagner ocupan un lugar totalmente decisivo y cuyo sentido puede ser clarificado a partir de la complejidad de la partitura. (Véase la progresión de tercera menor descendente en [3] y la progresión de quinta descendente del principio en [4].)

Naturalmente, aquí vuelve a brindársele al oyente la posibilidad de una predecibilidad momentánea, lo mismo que en las reapariciones de los denominados *leitmotive*, siempre que éstos no sean alterados por la armonización. La técnica de la progresión y los leitmotive devuelven al oyente lo que le había quitado la impredecibilidad de la armonía revolucionaria. Puede parecernos la armonía inextricable en sus numerosos detalles e insoportable la cantidad de reapariciones de los leitmotive; una cosa por complicada, la otra por primitiva: cada una de ellas es el necesario contrapeso de la otra. Aquí, como siempre, el secreto del lenguaje artístico reside en el equilibrio entre el aburrimiento por lo trivial y el aburrimiento por lo inextricable.

EL ACORDE DE TRISTÁN

Uno de los siete capítulos de la extensa obra *Romantische Harmonik und ihre Krise in Wagners Tristan*, de Ernst Kurth (1919), tiene como título «El primer acorde». Trata del llamado *acorde de Tristán*, al que desde luego se le ha dedicado una bibliografía más extensa que a ninguna otra innovación armónica. En vista de las contradicciones existentes en las distintas interpretaciones, será tal vez lo mejor, para la formación del propio criterio del lector, citar los análisis más importantes e interesantes del mismo.

Ernst Kurth: La forma fundamental de esta primera cadencia es: Si^7-Mi^7, o sea, una cadencia de dominante (cuyo mismo final es precisamente el acorde de dominante de la tonalidad del Preludio, la menor). La sucesión de estos acordes experimenta insersiones de notas auxiliares cromáticas: La quinta *Fa sostenido* del acorde *Si-Re sostenido-Fa sostenido-La* (voz más grave) sufre una agudización de la tensión melódica (dirigida contra el *Mi* siguiente), al aparecer como un *Fa* rebajado en ese acorde. El *Sol sostenido* de la voz superior del motivo entra en el acorde con la fuerza tensional de una nota auxiliar cromática libre en dirección a la nota del acorde, La; en la resolución al nuevo acorde aparece con la nota de paso cromática *La sostenido* antes del *Si*, aún un cromatismo del tipo de retardo. (La conducción de la voz *Re sostenido-Re*, por ejemplo, nos demuestra aquí que la conducción cromática de las voces también avanza.)

El *Tratado de Armonía de Rudolf Louis y Ludwig Thuille* (1907): en contra de lo anterior, hablando del famoso acorde del comienzo del Preludio de Tristán, es más correcto interpretar el *Sol sostenido* de la voz superior del mismo modo en que es oído en realidad: es decir, como un retardo (libre y de conducción ascendente), por lo que el acorde en cuestión no sería percibido como VII grado (o sea, como dominante), sino como II grado (y por lo tanto como subdominante):

en la menor II (IV)   V

y no   VII (V)   V

Karl Mayrberger (1878): El acorde inicial es un acorde híbrido, cuyo *Fa* procede de la menor mientras que su *Re sostenido* lo hace de mi menor... Entiende el autor por acorde híbrido lo mismo que se conocía antes como acordes alterados, y lo mismo que entendemos actualmente por acordes del sistema menor ampliado. El que la primera denominación sea la más acertada se debe a que un acorde puro de ese tipo no pertenece ni a una tonalidad ni a otra, y por ello contiene algo de ambiguo.

Alfred Lorenz (1926): El mejor modo de entender la estructura del tema principal reside en unir cada dos compases en un gran compás, esquematizando simultáneamente el resultante compás 12/8 en 4/4 (lo mismo hizo, según supe posteriormente, Johannes Schreyer..., pero disponiendo de modo distinto las barras del compás, con lo cual los acentos dinámicos de los motivos principales recaían sobre la mitad de los compases...), y liberando los acordes de todos los retardos y notas no esenciales, para dejarnos sólo un escueto armazón armónico. Resultaría así el siguiente esquema:

Vemos aquí como resultado en cada uno de estos grandes compases compuestos un compás fuerte con semicadencia femenina. Después del sexto gran compás aparece un calderón auténtico, justamente en el sitio donde, desde tiempo inmemorial, en miles y miles de melodías, se hacía una parada... La estructura entera del tema principal es de una sencillez fenomenal.

Horst Scharschuch (1963) «Gesamtanalyse der Harmonik von richard Wagners Musikdrama Tristan und Isolde». Compás 1: tónica menor *La* con un retardo de semitono superior de la quinta *Mi* de cinco corcheas de duración. Compás 2: se puede percibir el *Sol sostenido* como semitono inferior respecto al *La*, de lo que resultaría la segunda dominante sobre *Si* con una quinta *Fa* alterada en menos, y la séptima *La*; esta segunda dominante resuelve en la primera dominante E[7]. Las notas *Fa-Si-Re sostenido-Sol sostenido* forman al sonar conjuntamente el llamado *acorde de Tristán* en la tradicional figura de un acorde de sexta de subdominante menor, en este caso *Sol sostenido-Si-Re sostenido-Mi sostenido* o también *Fa* en lugar de *Mi sostenido*.

Este acorde aparece con frecuencia a lo largo de la ópera, y nuestro oído se habitúa de tal manera al retardo, que termina no oyendo ya la nota *Sol sostenido* como retardo de semitono inferior respecto al *La*, sino como componente armónico de *Fa-Si-Re sostenido*. De ese modo, este acorde se convierte en acorde de doble sensible de Mi mayor; es decir, las notas *Sol sostenido* y *Si* son en este caso 3 y 5 de Mi mayor, mientras que las notas *Fa* y *Re sostenido* son las dos sensibles, superior e· inferior, que tienden hacia la fundamental *Mi*. En este caso especial, que se repite tanto en el curso de la obra, el *Re sostenido* del compás 3 no es conducido ascendentemente hacia *Mi*, sino descendentemente hacia la 7 *Re*, con lo que se origina una séptima paralela *Fa Re sostenido-Mi Re* de intenso efecto disonante.

Se produce aquí, percibido desde una perspectiva moderna y debido a la modificación funcional de la nota *Sol sostenido*, tercera de Mi, como retardo de semitono inferior de *La*, un cambio funcional del acorde entero, que se convierte de una segunda dominante en la primera dominante de *La*. Esta modificación funcional trae consigo un empobrecimiento de la cadencia y un desvanecimiento de su conciencia funcional, ya que la segunda dominante es sustituida por el acorde de doble sensible de *Mi*.

Según la antigua manera de oírlo, sería: tónica menor, segunda dominante, primera dominante en la menor. De acuerdo con la nueva hay que decir: tónica menor, primera dominante en forma de acorde de doble sensible, primera dominante en la menor.

Y terminan las citas. (En la última hemos cambiado algunas clasificaciones demasiado especiales, que habrían exigido una explicación, por otras de entendimiento general.) Diremos todavía que el primer acorde es concebido por Kistler como séptimo grado de la menor *(Sol sostenido-Si-Re-Fa)* con alteración en más del *Re* a *Re sostenido* (con lo que *Sol sostenido* es por lo tanto nota del acorde, y no un retardo), y es interpretado por Jadassohn como séptimo grado de fa sostenido menor: *Mi sostenido-Sol sostenido-Si-Re sostenido*. Vale la pena señalar aquí que Jadassohn confiere a cada una de las cuatro notas de la melodía *Sol sostenido, La, La sostenido* y *Si* una distinta interpretación armónica.

El primer acorde es, por lo tanto, VII en la menor, VII en fa sostenido menor, subdominante en La, doble dominante según la interpretación actualmente extendida como $\overset{67}{D^{}_{5>}}$ $D^{7}_{4<5}$, dominante en forma de un acorde de doble sensible...

De acuerdo con nuestra clasificación ya dada de los acordes de cuatro notas preferidos por Wagner, el primer compás está determinado durante cinco corcheas por un acorde del grupo 2 y, acto seguido, por una nota de paso en el discanto, a la que sigue en el segundo compás un acorde del grupo 4 con retardo.

Es digno de mención, además, el reconocimiento de Kurth del efecto de reposo del acorde final, que por lo general, y con demasiada ligereza, es clasificado como *dominante* debido a su séptima menor, antes nota característica de la función de dominante. Con lo cual el primer acorde sería explicado como una dominante doble. Kurth nos da la explicación de que los acordes de séptima, en este nuevo entorno de acordes tensionales, «avanzan tanto técnicamente como en su efecto hacia un lugar como el que les correspondiera antes únicamente a las tríadas consonantes».

EXPRESIVIDAD DE LOS RETARDOS

Tratar de interpretar funcionalmente toda la música del Wagner tardío es una vana obstinación. Pero la propensión a querer echar por la borda a las primeras de cambio cualquier noción de funcionalidad pasa al extremo opuesto. No hay que olvidar que, tanto en Tristán como en la obra posterior de Wagner, se hallan extensos pasajes basados en sencillos encadenamientos cadenciales. En este caso Wagner evita el «aburrimiento» a base de una refinada aplicación de los retardos (tanto preparados como, sobre todo, libres).

Un ejemplo al respecto se encuentra hacia el final de la tercera escena del primer acto de *Tristán*. Brangäne se dispone a recomendar encarecidamente a Isolda «el más sublime de los filtros». «Se acerca a Isolda con halagos y caricias.» En este interludio de Brangäne hay una preocupación por resolverlo de forma sencilla.

Todos los retardos aparecen rodeados por un círculo. ¡El *Fa* del tercer compás es por supuesto también un retardo libre y no es ninguna Dp! El *La* del cuarto compás —que aunque está escrito como bordadura, debe ser oído sobre el tiempo fuerte en forma de retardo— nos crea problemas. Considerarlo como dominante con quinta alterada en más en el bajo, sería también una posibilidad. También el *Fa* de la voz aguda sería, entonces, propio del acorde.

Me parece, sin embargo, que el flujo uniforme de esas funciones siempre de dos compases constituye un argumento suficiente en pro de una interpretación tonicalizada. En el quinto compás la quinta de la subdominante es retrasada por efecto de un retardo inferior y uno superior hasta la última corchea del compás. (En teoría, sería posible interpretar aquí *Re-Fa-La bemol-Do bemol*, y mejor todavía *Fa-La bemol-Do bemol-Mi doble bemol*, D_5^v en Sol bemol mayor, como un acorde de séptima disminuida, pero ello destruiría a su vez el profundo reposo de la gran cadencia en fases de dos compases.)

El encuentro de las más simples asociaciones cadenciales y de planos alejados de la cadencia en una consecuente armonía de cuatríadas puede ocasionar en el oyente reacciones muy opuestas:

a) La sencilla armonía cadencial que nos viene una y otra vez a la memoria nos sugiere una interpretación todavía funcional de esos complicados pasajes en cuatríadas como una forma más compleja de aquella armonía.

b) Y son precisamente esos escuetos pasajes de armonía cadencial los que abren de par en par el abismo, mostrando claramente hasta qué punto está alejado de la tonalidad el mundo atonal de los acordes cuatríadas. Es a través del contraste de la composición como se nos patentiza el hecho de que ya no podemos interpretar funcionalmente el ámbito armónico de los acordes de cuatro notas.

Un modelo de análisis

¿Qué posibilidades nos quedan de seguir discutiendo unos hechos armónicos que se han sustraído a los nexos de la armonía funcional? Recomiendo un análisis más amplio y prevengo en contra del puro estudio de la sucesión de acordes.

$T\,S_5^6\,D_8^7\,D_{43}^{65}\,T$ que se ha empleado miles de veces como vía armónica, se deja abstraer perfectamente de situaciones concretas. Llena de sentido como serie de signos, los resultados de un análisis comparativo de

$T\,S_3^6\,T\,D^7\,T\,D_7\,T_3\,D_5^7\,T$ por un lado, con $T\,S_3^6\,D_3^7 D_{43\,7}^{65}\,(D_3^7)\,S$

$D_3^7\,D\,(D_3^7)\,Tp\,S^6\,D^{87}\,T$ por otro, sirven, referidos a su vez al caso concreto, para lograr una percepción más profunda de la formación de la estructura musical. Pero la armonía de Wagner constituye en cambio un *hecho único cada vez;* está condicionada por el texto, y la situación es la invención misma, totalmente irrepetible y, por lo mismo, no reducible de la composición a estructuras armónicas fijas y no es susceptible de abstracción.

Intentaremos ahora en consecuencia el análisis total de 22 compases del segundo acto de *Parsifal*.

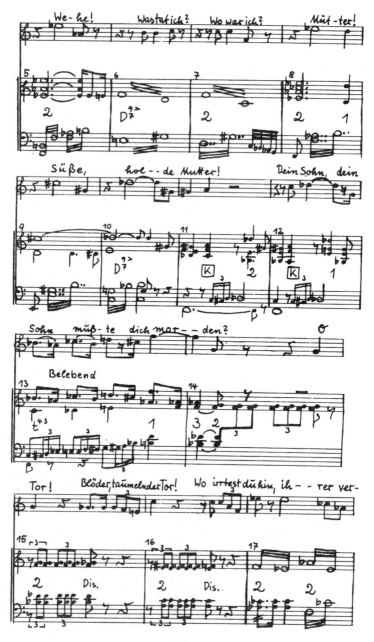

Parsifal se entera por el relato de Kundry de su propia culpabilidad en la muerte de su madre y se desploma a los pies de Kundry. Las indicaciones escénicas que hace Wagner de «terriblemente afectado» y «avasallado por el dolor» se proyectan con gran claridad en estos 22 compases de máxima expresividad. La conducción de la voz está, ya, muy alejada del recién escuchado Sol mayor, casi de canción popular, con que se había iniciado en casi siciliana el relato de Kundry.

Este relato en seguida se amplía cada vez más tonalmente, animándose, al mismo tiempo rítmicamente, para volver sin embargo al final, tanto en lo rítmico como en una cadencia claramente tonal (D^V) $Sp \frac{5 \geq}{1 \; 3} D^7$ T, a la situación de partida. Así se comunica de modo más drástico al oyente el arrebato de Parsifal.

Pese a la gran variabilidad rítmica, la voz nos da la impresión de una sola unidad afectiva, de un único grito desgarrador. Lo cual se consiguió haciendo que la mayoría de las figuras melódicas fueran variaciones de un motivo sincopado de dos notas:

Y todas las formaciones rítmicas que no responden a este modelo están enlazadas formalmente con él por analogía:

Las regiones tonales cambian en la voz con creciente velocidad abandonando drásticamente hacia el final la técnica, tan frecuente en Wagner, de las imperceptibles transiciones de las sensibles. En cambio, vemos abordadas inesperadamente nuevas regiones.

Pero incluso la simplicidad inicial es sólo aparente: las notas que vuelven no son ya nunca las mismas debido al cambio de los acordes orquestales. De acuerdo con lo precedente, el *Re*, nota de entrada del cantante, es una octava incuestionable, pero ha visto cambiada inmediatamente su función a sexta sobre *Fa*. Y si el primer *La bemol* es tercera sobre *Fa*, el segundo *La bemol* es una séptima disminuida sobre *Si*, y así sucesivamente.

Por una vez, el propio Wagner ha especificado claramente al cantante el cambio de significado:

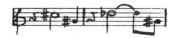

El *Do sostenido*, retardo no resuelto de sexta ante la quinta de la D⁷ sobre *Mi*, se convierte, en su repetición, en novena menor sobre *Do*. La nota *Re*, tónica indiscutible tras la cadencia que cierra el relato de Kundry, es —adelantándose a lo que será una de las técnicas del siglo xx— cargada de tensión rítmica por la orquesta, y convertida inmediatamente —según la interpretación dada— en fundamental de una

Ɗ⁷ en Mi bemol mayor o bien en la sexta de su s⁶₅ en do menor. Con este acorde empieza un plano de acordes de cuatro notas que escapan a toda interpretación funcional. (En la partitura aparecen señalados con 1, 2, 3 y 4 respectivamente, los cuatro acordes cuatríadas de suave disonancia preferidos en la obra tardía de Wagner.)

A más tardar en el compás 5 es indiscutible el abandono de la relación funcional: considerada en sí misma, esta cuatríada wagneriana del grupo 2 sería interpretable como una s⁶₅ sobre *La bemol* (o sea, en mi bemol menor) o también como Ɗ⁷ en Sol bemol mayor. También se le podría relacionar, basándose en el compás precedente, con do menor como acorde de séptima disminuida con retardo no resuelto Ɗᵛ⁴⁽³⁾₃. Pero cuando un acorde tiende simultáneamente hacia mi bemol menor, Sol bemol mayor y do menor, y es seguido de E⁹₇ referido a la menor (que no aparece), el oído debe renunciar a más expectativas funcionales auditivas.

El grupo de acordes 2 crea un nexo en este pasaje a base de aparecer con llamativa frecuencia, consiguiendo a través de acordes lo mismo que crea en la voz el desarrollado motivo sincopado. Los primeros acordes de los compases 6 y 9 están situados fuera del grupo de cuatríadas. Ambos acordes permiten una interpretación funcional: el del compás 6 como D⁹₇, el del compás 9 como D⁷₆₋₅.

Al *resolver* Wagner en ambos casos las notas inesperadas, la referencia cadencial queda neutralizada. (En el compás 6 no la séptima y la novena, sino la fundamental *Mi*, que desciende a *Re*, mientras en el compás 9 se mantiene sin resolver retardo de sexta, desplazando a su nota de resolución, la quinta *Si*, que suena ya al mismo tiempo que él, en sentido descendente hacia el *Si bemol*.) Lo mismo ocurre en los compases 14-15: interpretar el compás 14 como un s⁷⁶₅₋ en fa menor se hace imposible debido al enlace *Sol-Sol bemol* como primera etapa de un movimiento armónico que culmina en el compás 16, repitiéndose de nuevo en sentido descendente en el compás 17.

En el compás 6 aparece un primer acorde de cinco notas, cuya gran disonancia de novena menor está suavizada por la tercera. Es decididamente más punzante la séptima mayor no suavizada del acorde de cinco notas del compás 9, seguido a su vez, en el compás 10, por un acorde de cinco notas de aún mayor disonancia. Tras este punto culminante de la tensión de la disonancia, grande es el contraste de la tríada mayor del compás 11, que es retrasada por un retardo triple (de nuevo con una fuerte disonancia: ¡*Mi-Fa!*). Por lo demás, sólo en este compás 11 el oyente experimenta, a posteriori, el contenido tensional de la voz en el compás 10, que habría tenido que ser con *Re bemol-La bemol* (→ *Sol*); toda una plétora de hechos que le confieren a la sección compuesta por los compases 9-11 un efecto culminante.

El *Fa* adquiere por la repetición de la cadencia y la reiterada variante conclusiva en menor, un carácter de tónica, cuyo dominio se ve reforzado además por un pedal:

$$D\overset{9>}{\underset{5<}{7}} \quad T \quad D\overset{9>}{\underset{5<}{7}} \quad T \quad D\overset{9>}{7} \qquad \Big[4$$
$$T\text{———————}\Big[$$

Cualquier giro tonal nos incita a oír lo que sigue *con los mismos oídos*. Esto es perfectamente posible en el compás 13:

$$\Big[^{43} \quad \overset{\frown}{D}^{v\,65} \quad .... \quad \overset{\frown}{D}^{v} \Big| \, \partial^{\,\overset{7\ 6}{5-}}$$

(Sólo en la tercera negra se cambia a re menor, aunque esto podría pasar inadvertido al oyente; para éste, probablemente, el *Fa* de la última negra seguirá siendo el mismo *Fa* del comienzo del compás.) Los movimientos siguientes neutralizan acto seguido el efecto de *sixte ajoutée* y la referencia tonal de los acordes hasta que en el compás 20 la cadencia $D^{\,9}_{\,7}$-T a Sol bemol mayor da la apariencia de crear de nuevo un breve campo tonal. (La novena menor reside esta vez sólo en la orquesta; hay que interpretar el *Re* como un *Mi doble bemol*.)

Pero el Sol bemol mayor es puesto en cuestión: los cellos están al mismo tiempo ya en *Sol* y atraen hacia él, dos compases después, a la orquesta entera. (El *Re* de la orquesta es todavía en el compás 21, la novena menor de la dominante de *Sol bemol* —*Mi bemol*, por lo tanto sobre *Re bemol*—, convertido en el compás 22 en la octava de la voz cantante en la dominante de *Sol*.)

La voz del cello del compás 21 da al principio la impresión de haber sido escrita sencillamente por error como *Do sostenido* en vez de *Re bemol*.

el compás 21 debería sonar:

Compás 11

Tiene importancia la pausa de los cellos al final del compás: el *Re* se establece como objetivo, y ya no es sólo melódicamente una nota auxiliar superior respecto de *Re bemol* y, armónicamente, la novena de la dominante. Como se demuestra al final del compás 22, el *Re* de los cellos del compás 21 es ya, sobre la tónica Sol bemol, la dominante de *Sol*. Es un pasaje bitonal de un encanto extraordinario.

Ejercicios:

a) Escribir —anotados en un solo pentagrama, que permite ver más fácilmente la construcción de los acordes— series de acordes empleando exclusivamente las cuatríadas wagnerianas, y clasificarlas con (1, 2, 3, 4). Señalar las notas comunes con el signo ——, los enlaces de sensibles con——, y los movimientos de segunda mayor con.·····.

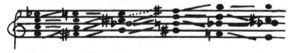

b) Variar la realización resultante; construir enlaces melódicos más densos; *legitimar* los movimientos amplios; arropar los acordes mediante retardos.

c) Escribir ejercicios similares en dos pentagramas. Se pueden incluir también a voluntad formas de D^7 y tríadas aisladas en modo mayor o menor. No hay que obligarse a permanecer en la conducción a cuatro voces. Una nota puede muy bien avanzar en dos direcciones, aumentando así el número de voces; otras voces pueden descansar, y así sucesivamente. Es importante la comprobación con un instrumento. También es muy recomendable buscar enlaces al piano, aunque el sentido de estos estudios reside sobre todo en la audición interna de este mundo de acordes.

LISZT (1839-1885)

«IL PENSEROSO»

La *Ofrenda musical* de Bach, escrita para glorificar a un monarca «cuya grandeza y poder, igual que en todas las ciencias de la guerra y de la paz, también y especialmente en la música, debe admirar y reverenciar todo el mundo», no es ninguna obra pomposa compuesta para varios coros (manera en que se habría festejado hacia 1600 *la grandeza y el poder*). A través de dos ricercares, una fuga, una sonata, un canon perpetuus y ocho cánones diversos como elaboración del tema regio, despliega Bach sus inagotables posibilidades, honrando así al inventor del mismo: se le hace el lisonjero cumplimiento de haber previsto dichas posibilidades, estimulando de esa manera a Bach. La grandeza y el poder del espíritu humano se manifiesta en el más elevado arte contrapuntístico.

Cien años después, Liszt compone, estimulado por una estatua de Miguel Ángel, la pieza para piano *Il penseroso* (1839). Es una especie de marcha fúnebre; una melodía —repetición sobre una nota— que no existe. Aquí la armonía se ha convertido en la dimensión conceptualizadora de las ideas esenciales. *Il penseroso*, el pensador, el que ve dentro de las cosas, halla su imagen sonora en una interpretación armónica universal de la nota *Mi;* una melodía de una sola nota que se transforma de acorde en acorde.

He aquí su extracto armónico:

Tercera menor sobre *Do sostenido*, quinta en la menor, séptima menor sobre *Fa sostenido*, retardo de sexta sobre *Sol sostenido*, tercera mayor sobre *Do*, retardo de cuarta sobre *Si* y fundamento del acorde. Así suena el *Mi* en el tema de esta composición.

Pocos compases después, otra demostración similar de capacidad intelectiva: bajo una *melodía* igualmente estática se *ponderan a fondo* las diferentes posibilidades de conducción de la tríada aumentada.

He aquí su extracto, transportado en una misma tesitura:

Liszt nos describe a Fausto en 1854 de una manera similar, como un *penseroso*, en el primer movimiento de su Sinfonía Fausto. Es un tema que contiene 12 notas, tonalmente indeterminado, compuesto a partir de cuatro tríadas aumentadas, en cuyo final un acorde consonante de sexta se resuelve en una tríada aumentada, en representación del gran espíritu para el que no existen las vías usuales de pensamiento:

Esa tríada aumentada, tan empleada por Liszt, indeterminada, como el acorde de séptima disminuida por la división de la octava en distancias iguales, permite seis resoluciones mediante la conducción ascendente o descendente de una nota que se da a conocer por su resolución como retardo:

Fundamental: ? *Re* ? *Fa* ? *Fa* ? *La* ? *Si bemol* ? *Re*
sostenido *bemol*

Posibles enlaces mediante el movimiento de dos voces son, por ejemplo:

Las tríadas aumentadas pueden ser conducidas de cualquiera de estas maneras distintas y opuestas, siempre que no se dé el caso, tan frecuente en Liszt, de atacarlas sin preparación.

Ejercicio. Escribir en un solo pentagrama series de acordes con tríadas aumentadas introducidas y enlazadas de diferente manera.

La tonalidad como recuerdo

El *Tristán* de Wagner revolucionó el mundo musical. Las importantes obras de piano de Liszt que recorrieron caminos similares y habían salido a la luz casi veinte años antes, no fueron tenidas en cuenta. Y hoy día, cuando por fin reciben las revoluciones armónicas de Liszt la gran valoración que les corresponde, se contrapone a su reconocimiento como gran compositor el menosprecio hacia su melodismo.

En realidad, un oyente en la actualidad no puede llegar a establecer ninguna relación suficientemente positiva con Liszt, porque tendría que dominar con el oído los extraordinarios contrastes de su obra, que escuchar con el oído adecuado uno de sus aspectos teniendo conciencia de la efectividad del otro: una melodía en modo mayor en la escueta composición tonal propia del vocabulario de Mozart y una aventura armónica situada en la frontera misma de la tonalidad.

El comienzo y el fin de su pieza para piano «Sospiri» (1879) de *Tres piezas tardías para piano* están compuestos en acordes de cuatro notas atonales wagnerianos:

Este mundo armónico permite siete veces la entrada de una melodía de tres compases de duración en modo mayor con una armonización claramente tonal de T $\underline{D^V}$ T, que se resuelve unas veces directamente y otras, tras una repetición literal, en planos abiertos, determinados a su vez por acordes de cuatro notas. La bemol mayor, Sol bemol mayor, La bemol mayor, Sol bemol mayor, Mi mayor, fa menor y fa sostenido menor son las estaciones tonales, lo que no permite la posibilidad de hablar de una tonalidad principal.

Todas esas regiones tonales son introducidas de manera inusual, no funcional, exenta de expectativas. Cierto es que un ritardando o un enrarecimiento en la partitura anuncian un plano tonal, pero permanece inasequible al oído cuál va a ser. De ahí, el especial encanto de esos pasajes en modo mayor que son presentados al oyente como regalos imprevistos.

He aquí algunas de esas vías de introducción:

Diremos respecto de:

a) que el movimiento de semitono que sigue al acorde de cuatro notas nos permite percibirlo como *Mi sostenido-Sol sostenido-Si-Re* y oír el movimiento como *Re-Do sostenido* y el conjunto, por lo tanto, como

$\cancel{D}_{3}^{98}$, esperando oír, por lo tanto, fa sostenido menor;

b) que el *Mi bemol-Sol bemol* de la mano izquierda antes y después de la pausa, nos permite interpretar los compases 2 (segunda mitad) al 4 como un jugueteo hecho con un acorde, concretamente con el de $\cancel{D}^{V}$ *La-Do-Mi bemol-Sol bemol* en si bemol. El Re bemol del segundo compás en la voz superior se nos evidenciaría entonces como un retardo mantenido. Referidos, sin embargo, al inesperado objetivo Sol bemol mayor, el *Mi bemol* y el *Sol bemol* oídos a posteriori hacen las veces de tercera y quinta de la subdominante Do bemol mayor;

c) hay una serie de acordes sin sentido funcional: ¡fa sostenido me-

nor, S_{3}^{6} sobre *Re bemol*, s_{3}^{6} sobre *Mi*, La bemol mayor! Una interpreta-

ción del tercer acorde como $\cancel{D}_{3}^{9}$ en Re mayor no tendría ya sentido;

d) que la resolución $\cancel{D}^{V}$ aquí propuesta era inimaginable en una música concebida para voces y, por lo mismo, no era esperada por el oído tradicional:

Estos tres compases en modo mayor, vistos aisladamente y califi-
cados como una fruslería, no dejan traslucir, desde luego, lo que pueden
significar en un entorno semejante. La tonalidad dentro de un marco
atonal ha perdido su característica más importante, su fuerza, la estabilidad. Estos breves planos tonales ya no existen como tales; son sólo
recuerdos. Es la melodía de la despedida. Tenemos por última vez en
las manos una preciosidad —ahora preciosa, antes sólo natural—, que
sólo es preciosa a aquellos que captan su forma global. Y como se trata
de una melancolía compuesta a un altísimo nivel formal y que está representada en la cosa misma, se equivoca aquel pianista ramplón que
considera indicado aquí un sentimental *espressivo*.

La gran forma y el detalle siguen las mismas leyes. La tensión de
tónica-dominante determinó la cadencia del clasicismo y la gran forma
de la sonata clásica. El acorde de séptima disminuida y la tríada aumentada, las dos divisiones posibles de la octava en distancias iguales,
permiten a Liszt una liberación del lenguaje clásico tanto en la gran
forma como en el detalle.

Estudiemos respecto a ello el *Sonetto 47 de Petrarca*, 1839, elaborado
como Lied y también en su versión para piano. Las estrofas compuestas
en Re bemol mayor, Sol mayor, Mi mayor y Re bemol mayor muestran
la disposición en terceras menores en la gran forma; la introducción, en
el detalle, la relación en terceras mayores: tríadas sobre *La, Do sostenido, Fa* y de nuevo sobre *La* preparan la primera estrofa (en Re bemol
mayor):

Entre las estrofas encontramos los mismos campos atonales que en la pieza para piano estudiada antes.

EL FIN DE LA TEORÍA DE LA ARMONÍA

Los pasajes de Liszt más interesantes en su aspecto armónico se sustraen al intento de una exposición sistemática como la que era aún posible en los acordes de cuatro notas de Wagner. No presentan una tendencia unitaria en el tratamiento de los acordes; no permiten reconocer, en absoluto, nuevos materiales armónicos desarrollados susceptibles de ser aislados y verificados mediante ejercicios. Se trata más bien de casos aislados, de soluciones originales únicas en cada caso. En una inversión total del ordenamiento jerárquico clásico, Liszt *inventa* acordes y enlaces armónicos y *utiliza* también material melódico. Pero la inspiración no es algo transmisible. La teoría de la armonía ha llegado a su fin, y hay que darle el relevo a la interpretación armónica en forma de un reconocimiento de situaciones concretas. He aquí el intento de comentar adecuadamente algunas de estas invenciones armónicas.

a) La tríada aumentada aparece en el *Sonetto 104 de Petrarca* (1839) de dos formas en la cadencia final; 12 compases antes del final la encontramos dos veces con figuración, en los últimos compases en forma de acorde y en todos los casos entre compases en la tónica. La fundamental y la tercera de Mi mayor se mantienen, el bajo salta hacia *Do* como fundamental y vuelve a la fundamental *Mi*. Vemos, en consecuencia, que ninguna de las tres notas indica una necesidad de resolución, pues la estabilidad del movimiento del bajo aboga en contra de la suposición de que *Do* sea una bordadura superior de *Si*, como nos hubiera podido hacer creer la tercera de las voces superiores de la cadencia final.

Un novedoso y sensacional tratamiento de la disonancia: ninguna nota anuncia una necesidad de resolución. (La resolución de la sensible nos permitía hasta ahora, sin duda, deducir a posteriori la nota que debía considerarse como disonante.) Entre dos acordes consonantes, uno *no consonante*, y entre tónica y tónica que suena aún en las voces superiores, una *no tónica:* T — T

b) En el Sonetto 47, estudiado ya antes detalladamente, hallamos una solución totalmente distinta a un planteamiento similar. También se trata en este caso de un cambio de un acorde de dos notas, sólo que el acorde central puede interpretarse funcionalmente, en este caso, claramente como D_7^{98}. En cambio, el acorde que lo enmarca es tanto una T_3 como un acorde de resolución, que no llega a realizarse.

El *La bemol*, situado después del compás precedente en Mi mayor, podría seguir siendo percibido como tercera mayor, es decir, como *Sol sostenido* sobre *Mi*, pero debido a la nueva fundamental *Fa* se convierte en su tercera menor o quinta sobre *Re bemol*. Esta última interpretación se ve confirmada como auténtica por el acorde siguiente. La voz aguda del piano, que en ambos compases muestra un jugueteo invariable del *La bemol*, se halla acompañada en cambio ahora por una segunda voz que pone en entredicho la interpretación armónica. Convierte en *Si-Re-Fa-La bemol* al primer compás (*La bemol* con un *Si bemol* como nota auxiliar superior), que es por lo tanto un $Đ^V$ en do menor. Sólo el segundo compás deja claro que $Đ^V$ en do menor ha de ser oído correctamente como una T_3 de Re bemol mayor, con lo que las oscilantes corcheas *Si-Re* se declaran como retardos inferiores de *Do-Mi bemol*, alcanzado en el compás siguiente.

Este pasaje se nos hará más digno de atención si nos ocupamos aún más de su estudio auditivo. Por un lado, la encubierta T_3 es objetivo y acorde de reposo tras el acorde de la dominante, pero percibimos al mismo tiempo lo contrario: tras ponerse en entredicho la tónica como estratificación de terceras menores sin una fundamental clara, el inequívoco compás de la dominante, al restablecer la claridad armónica, se convierte en objetivo y cuasirresolución de la disonancia.

Y cuando apenas nos hemos hecho a la idea del primer compás como tónica por la repetición del grupo de dos compases, se decide el quinto compás a favor de una interpretación en $\mathcal{D}^V$: deberíamos escribir aquí *Sol sostenido-Si-Re-Fa*, siendo que el sorprendente camino de este compás suena $D_{2>\ \ 1}^{7\ \overline{6\ 5}}$. En esta relación constituye al principio del compás la bordadura superior de la voz de discanto el elemento extraño: *Sol sostenido-La-Sol sostenido* habría sido lo correcto de acuerdo con la conducción ulterior, pero suena aquí en vez de ello *Sol sostenido-La sostenido-Sol sostenido* escrito *La bemol-Si bemol-La bemol*):

c) Analicemos el período de repetición de ocho compases del Soneto 104, en Mi mayor, preparado por un breve preludio. La antecedente termina en sP: fa sostenido menor. Comienzo del consecuente en Re mayor. Frase de dos compases equivalente al comienzo del antecedente. Es entonces una *tónica desplazada*, de distinto color. Al mismo tiempo, Re mayor es legitimado en el momento de su aparición como contraacorde de fa sostenido menor, lo cual, si queremos ir tan lejos, se podría clasificar como SpG. Pero aparece al fin la increíble cadencia final: S (aún en Re mayor, o sea, Sol mayor) D (de nuevo en Mi mayor, o sea Si⁷) T. Supremo refinamiento revestido de inocencia.

He aquí el consecuente:

d) *La lúgubre góndola*, una de las piezas tardías para piano de Liszt, empieza con un recitativo atonal. Hay un sentido oscilante de la nota *Do*: a *Fa sostenido-La-Do-Mi bemol* sigue *Fa-La bemol-Do-Re*. Acto seguido un retardo de séptima en conducción ascendente a Re bemol mayor, por último un retardo descendente a *Si-Re-Fa-La bemol*, por lo que *Do* se puede interpretar igualmente como componente del acorde *(Fa-La bemol-Do-Re)*, y el *Si* que le sigue, por lo tanto, como nota de paso. Ese *Si*, sensible en Đ$_5^V$ o nota de paso, da la impresión de querer ir a parar a la tónica como un recuerdo en una sola voz de un giro cadencial consagrado por siglos de uso:

e) En la parte central del mismo hay una notabilísima composición de terceras mayores en T y S, que *resuelven* en tercera menor como retardos descendentes. Llamativa inversión, dado que hay en el espacio sonoro unos acordes atonales sin objetivo y los acordes consonantes dan la impresión de *tender a*. ¡Cómo cambia el oído atento cuando llega a comprender verdaderamente pasajes como éste!

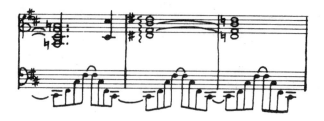

Dos caminos hacia la atonalidad

En 1885 compuso Liszt una *Bagatela sin tonalidad*. La escasa reper-
cusión de su creación en la evolución general, que siguió desarrollando
a pasos más lentos lo que Liszt había alcanzado ya para él, se pone
también de manifiesto en el hecho de que una composición tan notable
no se publicase hasta 1956. Sus acordes no son explicables ya en gran
parte en capas de terceras, mientras que sale a la luz más bien una tendencia, característica de la obra de Debussy, a establecer como base de
una pieza una idea armónica central. Ésta crea una cohesión como lo
hacía antes la relación funcional de todos los acordes respecto a una
tónica. En esta composición esa idea es la tríada aumentada con una
segunda mayor añadida *(Do sostenido-Fa-La + Si)*.

He aquí tres pasajes como muestra del procedimiento de Liszt de
derivar de esta idea armónica diferentes posibilidades:

Transposiciones: Al final del segundo pasaje, *Re-Fa sostenido-Si bemol + Do*; en el tercer pasaje, *Mi-Sol sostenido-Do + Re*.

El lenguaje melódico es equivalente al armónico en el alejamiento de los modelos tradicionales. La ya mencionada *Lúgubre góndola* termina en un recitativo a una voz, que durante varios compases se puede entender en sol sostenido menor, teniendo en cuenta sobre todo que ese acorde precede precisamente al recitativo. Pero cinco compases antes de la conclusión no se puede oír ya el *Sol* como la sensible *Fa doble sostenido*, puesto que le sigue la segunda mayor superior *La*. La pieza termina, por lo tanto, en una atonalidad oscilante. (¡Están ya muy cerca los recitativos de las violas en la *10.ª Sinfonía* de Mahler!)

Pero existe todavía otro camino hacia el futuro, que es concretamente el que se refiere a un pasado remoto. El oyente se da menos cuenta en este caso del alejamiento de la tonalidad, debido a que el material armónico empleado es nuestra familiar tríada. Aquí se abandona el mundo de los acordes relacionados por funciones, debido a un acercamiento a la técnica de enlace de acordes de 1600, expuesta en el primer capítulo de este libro. Liszt debe haber conocido motetes de aquella época, pues el título de su pieza para piano, *Sposalizio* (Fiesta nupcial), de 1839, permite suponer que se hace alusión consciente a *antigua música eclesiástica*.

He aquí dos compases de *Sposalizio* y su continuación en esquema armónico que presentan una figuración similar:

También la armonización de la melodía de la sección central apunta hacia la música de 1600. La cadencia clásica es superada, puesto que su encadenamiento armónico cambia, siendo neutralizada también su funcionalidad: T D⁷ S T

Ejercicio. Analizar encadenamientos similares existentes al principio de la pieza para piano *Chapelle de Guilleaume Tell* y estudiar los giros de tonalidad eclesiástica que aparecen en Brahms (por ejemplo, el modo menor sin sensible = eólico del 3.ᵉʳ número de su Réquiem alemán, o la séptima menor mixolidia al comienzo de movimiento lento de su 4.ª Sinfonía, giros que, sin embargo, pretenden más enriquecer la armonía cadencial que abandonarla).

DEBUSSY (1900-1918)

EL SLENDRO Y LA ESCALA DE TONOS ENTEROS

La desarrolladísima cultura musical no europea que aún se conserva en Java y Bali conoce dos sistemas tonales con divisiones diferentes de la octava: el *pelog* y el *slendro*. El centro instrumental de la orquesta *(Gamelán)* lo ocupan unos metalófonos con placas o calderos, de diferentes longitudes de resonancia. La duración de la nota corresponde a la función respectiva de un instrumento: una tranquila melodía básica (especie de cantus firmus), una contramelodía, un juego de vivaz figuración, etc. Debido a la diferente división de la octava, cada orquesta posee consecuentemente un instrumental de pelog y otro de slendro.

El pelog posee siete notas, dos de las cuales apenas se utilizan en realidad. Los intervalos son sumamente diferentes: semitono, tono entero, tercera mayor. Las piezas para pelog despiertan en nuestro oído asociaciones con el modo frigio:

El slendro, en cambio, divide la octava en cinco partes casi iguales, aunque no exactamente, por lo que dos de las distancias son algo mayores que las tres restantes. Lo más curioso es que en las distintas orquestas las distancias mayores están situadas en diferente posición, pero nunca se siguen directamente la una a la otra. Nuestro oído percibe los intervalos, con razón, como segundas mayores y terceras menores y al slendro, por lo tanto, como pentatónico. Debido a la diferente colocación de los intervalos algo más grandes en las distintas orquestas, captaríamos una composición en slendro, tocada por diferentes orquestas, como una pentatónica transportada a partir de diferente base. Pero comoquiera que las diferencias de magnitud de los intervalos, como hemos dicho, son muy pequeñas, varía también la impresión del oyente con menos intensidad de la correspondiente a la siguiente representación hecha en nuestro sistema tonal:

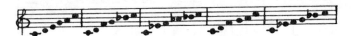

Es más fácil imaginarse sus posibilidades mediante la representación siguiente:

Como vemos, tiene importancia el hecho de que la impresión del slendro/pentatónica carece de fundamental a nuestros oídos, dado que unas mismas piezas son construidas por los diferentes conjuntos javaneses —por decirlo a la occidental— sobre una nota diferente de la escala pentatónica y en consecuencia, evidentemente, pueden estar sobre cada una de ellas de la misma manera.

Debussy tuvo ocasión de oír una orquesta de gamelán durante la Exposición Mundial de París de 1889, y la fuerte impresión de esta música se reflejó en su obra posterior. En su pieza para piano *Pagodas* (1903) o en su obra orquestal *El mar* (1905) encontramos pasajes típicos del gamelán, tanto en el material tonal como en la estructura.

La *escala de tonos enteros* constituye una segunda posibilidad para transportar al sistema tonal europeo el atractivo de la música javanesa. El pentatonismo está cerca del slendro, pues divide la octava en cinco distancias, pero la escala de tonos enteros, con su división en seis notas, corresponde mejor al slendro por su división en distancias iguales. También se acerca a la impresión auditiva de las composiciones en slendro la escala de tonos enteros por su ausencia de nota fundamental.

La música para gamelán no conoce división de acordes como consonantes y disonantes. Así pues, hay mucho en común en las composiciones con escalas de tonos enteros y pentatónicas de Debussy, sugerido por la música javanesa:

a) Cada nota de la escala puede sonar conjuntamente con cualquier otra de la misma; no existe ninguna resolución disonante.

b) No existe fundamental alguna en este flotante mundo sonoro.

c) Diferentes procesos simultáneos tienen la misma importancia, no existiendo ninguna jerarquía de melodía y acompañamiento.

Dos pasajes de *Voiles (Preludios I)*

2. Dos pasajes de *Pagodas*

Respecto a 1, diremos que: nuestro sistema de notas no reproduce bien la separación tonal uniforme del sistema de tonos enteros. Veamos cómo se esfuerza Debussy por ocultar en lo posible el inevitable salto de la tercera disminuida (*La bemol-Fa sostenido* en el tercer compás: tras una nota larga, un intervalo poco observado). Por el mismo motivo, una misma nota aparece escrita arriba como *Sol sostenido* y abajo como *La bemol*. Tercer compás: *La bemol* es una bordadura entre *Si bemol* y *Si bemol*, aunque arriba suene *Sol sostenido*. En consecuencia, no hay esfuerzo alguno por lograr una resolución de la disonancia; los dos procesos melódicos tienen la misma importancia.

Y respecto a 2, que: el pentatonismo puro, empleado en numerosos pasajes de esta obra, sólo se muestra en la primera sección; en la segunda está añadido un *Mi*. Este pasaje demuestra, sin embargo, de manera ideal la técnica del gamelán: una melodía básica en el bajo, dos procesos melódicos y un vivaz jugueteo.

Referente a la conducción de las voces, la composición de Debussy no admite disculpa ante las reglas convencionales. Veamos nada más en el primer compás del primer pasaje en tonos enteros, el desplazamiento en octava de *Si bemol-La bemol*, y en el segundo compás pentatónico el desplazamiento en quinta justa de *Sol sostenido-Do sostenido/Do sostenido-Fa sostenido*. Pero hay que tener en cuenta que todas las reglas tradicionales de la conducción de las voces han surgido del concepto de consonancia y disonancias y, por lo mismo, pierden su vigencia al desaparecer éste. Como en este mundo armónico una séptima menor no vale menos que una octava, no hay ningún motivo para escandalizarse por

Como quiera que el contrapunto no significa precisamente independencia de las voces, sino dependencia, reacción de unas frente a otras, la polifonía *javanesa* de Debussy, privada de leyes armónicas, no puede considerarse contrapuntística ni recibir esa denominación.

TEXTURAS

Se trata de un tejido fabricado con muchos hilos sin principio ni fin y de una consistencia uniforme: intentemos describir una composición de Debussy como, por ejemplo, *El mar*. No encontramos ningún procedimiento tan regiamente sublime como el de una melodía mozartiana, ni tampoco ningún procedimiento de acompañamiento en segundo plano, como en una voz mozartiana de viola.

El mar, tejido con cinco notas de una escala: *La-Si-Do sostenido, Fa sostenido-Sol sostenido* (p. 4)

El mar, tejido a base de seis notas de una escala: *La-Si-Do sostenido, Re sostenido, Fa sostenido, Sol sostenido* (p. 25).

Estos dos planos sonoros se hallan en una situación de equilibrio indiferenciado: *La* y *Si* son en los dos casos dos notas del bajo a distancia de segunda mayor que tienen la misma importancia (y que por ese motivo suenan también al mismo tiempo en ambos pasajes) ¡Son pasajes típicos de Debussy! La exacta colocación sobre la fundamental de una nota de una melodía clásica es lo que le da a esa nota melódica su color característico y su preciso valor.

Recordemos cómo lo supo valorar Schubert. Bajo la nota melódica *Do*, el colocar primero Do mayor, después La bemol, significaba un aumento del valor intreválico desde la octava a una delicada tercera.

Pero las voces más agudas de Debussy no tienen esta o aquella exacta colocación sobre el fundamento, sino que están situadas *en alguna parte*. También aquí se patentiza, en consecuencia, al transmitirse a nuestro material armónico, el efecto sléndrico de la ausencia de nota fundamental, de la supresión de gravedad y ligereza.

Se acusa también una indiferenciación parecida en otra dimensión, en el curso cronológico, del dónde y el adónde. Las melodías clásicas, sostenidas por los procesos armónicos, tenían punto de partida y objetivo. También en el tejido de Debussy sale a menudo al primer plano algún proceso. Pero en tales casos todas las notas de esa voz, o la mayoría de ellas, son al mismo tiempo componentes de ese plano sonoro de tranquilo movimiento sin objetivo ni propósito. De tal manera la melodía termina por *convertirse en inaudible*, sin conclusión; y se retira del primer plano con un decrescendo.

Veamos ahora un ejemplo de *El mar*. Las nottas de la voz del primer plano extrañas a la textura están señaladas mediante notas gruesas. El compositor señaló claramente la entrada de esa voz mediante un *Do bemol* extraño a la textura, tras lo cual la misma se incorpora cada vez más a la textura pentatónica *Re bemol-Mi bemol-Fa-La bemol-Si bemol* (p. 6).

Mixturas

Cuando a un registro de órgano en la posición denominada *Principal o flautado* (de ocho pies, 8') se le añaden registros de la octava más profunda (16') y/o de las dos octavas más agudas (4', 2'), esta manera de registración, de uso general, podría recibir el nombre de *mixtura de octavas*. Pero se denomina *mixtura*, en especial, un registro específico del órgano en el que a cada nota se le añaden hileras de tubos de sonido más agudo (en la Edad Media, hasta 22). Se trata en ese caso de la quinta, la octava, octava + quinta, la doble octava, etc., y en casos más raros también de la tercera o la décima, etc. Cuando se añaden cuatro notas, decimos que hay una mixtura cuádruple o de cuatro coros.

En el caso de las llamadas *voces alícuotas* sólo se añaden notas altas determinadas cuya posición es fácil de calcular a partir de su clasificación numérica:

Quinta $2^2/_3 = {}^6/_3 + {}^2/_3 = {}^8/_3 =$ tercera nota parcial de una voz de ocho pies.

Tercera $1^3/_5 = {}^5/_5 + {}^3/_5 = {}^8/_5 =$ quinta nota parcial de una voz de ocho pies.

Quinta 2 2/3   Tercera 1 3/5

Las mixturas y las alícuotas no se emplean aisladas, sino en conexión con otros registros, y aunque apenas se oyen en su valor interválico, le confieren un esplendor especial al sonido del órgano.

Si comparamos lo que sigue con este excurso, veremos que la técnica armónica de Debussy, denominada también *mixtura*, escasamente tiene algo en común con la mixtura del órgano.

a) Mixtura real.

Un desplazamiento paralelo exacto de un acorde, constituye un caso extraordinariamente raro.

1. *Nocturnos*

2. «Pour le Piano»

Respecto de 1: a un acorde de si menor con una sexta añadida en el bajo le siguen cinco acordes de D_7. En el compás central, sobre un bajo de trítono, hay una mixtura de tríadas aumentadas.

Respecto de 2: también aquí sólo constituye una excepción el primer acorde. Es una mixtura de tríadas aumentadas, introducida por un acorde en Do mayor.

La mixtura real de acordes de D_7^9 aparece también, por ejemplo, en los *Nocturnos* (p. 20).

b) Mixtura tonal.

Es una conducción paralela de acordes, formados a partir de las notas *de una* tonalidad, que emplea Debussy con gran frecuencia. *Nocturnos* (p. 5).

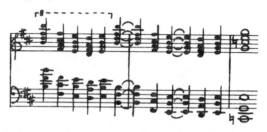

«La Cathédrale engloutie» *(Preludios I)*

En el primer ejemplo hay tríadas tonales durante dos compases, en el segundo hay acordes tonales de cuarta y sexta.

En «Brouillards» *(Preludios II)* se introduce también con la mixtura tonal la tríada disminuida. Es interesante la complementación mediante notas respectivas siempre libres en la mano derecha; una especie de efecto de estéreo compositivo:

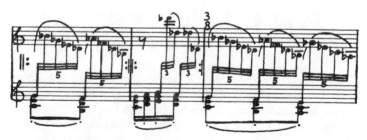

c) Mixtura atonal.

En «General Lavine» *(Preludios II)* cambia de tal manera tríadas mayores y menores, que generalmente faltan las notas de un acorde en el acorde siguiente. Esto se produce forzosamente en los movimientos de segunda de la mixtura de tríadas, y provoca también en los movimientos de tercera de este pasaje una confrontación de los acordes más alejados.

He aquí dos pasajes del comienzo de esa composición:

d) Mixtura modulante.

En manera alguna se puede confundir la armonía de las mixturas de Debussy con un automatismo armónico. Ocurre que la mayoría de los pasajes infringen el principio por él mismo elegido, cosa que llena de vida la impresión de conjunto de los mismos, sin que el oyente llegue a percibir en detalle esta desviación como tal.

En el caso de este ejemplo de los «Minstrels» *(Preludios I)* se podría hablar de una mixtura modulante. Los dos primeros compases emplean exclusivamente las notas de Mi mayor (que da, sin embargo, la impresión de un coloreado La mayor), y el compás final se alza en un Sol mayor enriquecido con un *Sol sostenido.*

e) Mixtura de encuadre.

El fascinante comienzo de «Les sons et les parfums» *(Preludios I)* sólo conduce paralelamente las voces exteriores. (Véanse aquí también pasajes más largos del primer número de la suite «Childrens Corner», ¡y de paso también extensos trozos de *Madame Butterfly* de Puccini!)

Entre las octavas de encuadre inserta Debussy en este caso recuerdos armonicofuncionales: un La mayor como acorde de cuarta y sexta y una s_3^6 de re menor. Sigue una mixtura libre de acordes de D_3^7 y D_5^7. Tal vez fue decisiva para el cambio de las formas de D^7 la tendencia, de nuevo,

a emplear notas libres: una forma de acordes mantenidos, o sea, D_3^7 bajo la tercera nota, aportaría en *Fa sostenido-La-Do-Re* con *Fa sostenido* y *La*, dos notas ya usadas.

f)   «Mixtura de slendro».

Difícilmente se podría calificar todavía de mixtura el siguiente pasaje de «La fille aux cheveux» *(Preludios I)*, y nos encontramos en él, sin embargo, con una extraña especie de conducción paralela estricta: todos los acordes, exceptuando el tercero y el cuarto del segundo compás y los tres últimos del ejemplo, están formados a partir de la escala de cuatro sonidos *Mi bemol-Sol bemol-Si bemol-Re bemol*. El pentatonismo está limitado aquí a cuatro notas (falta el La bemol), siendo conducidas las voces paralelamente en este espacio tetratonal.

g) Polifonía de mixturas.

A menudo dos mixturas son conducidas polifónicamente una contra otra. Estúdiese a ese fin, por ejemplo, la parte central de «La terrasse...» *(Preludios II)*.

LA ARMONÍA Y LA ESTRUCTURA COMPOSITIVA COMO UNIDAD DE INVENCIÓN

La armonía, la estructura compositiva y la forma se comportan entre sí en la obra de Debussy de una manera no conocida antes. Los acordes no armonizan ya (o bien lo hacen muy rara vez) notas individuales de una melodía, sino que *un solo* acorde subyace a melodías enteras. Definido a la inversa: un fundamento armónico figurado se desenvuelve dando lugar a adornos melódicos, dándose el caso de que las notas de los acordes son la mayoría de las veces las notas principales de las figuras melódicas, aunque éstas pueden resaltar ocasionalmente, produciendo contrastes merced a notas extrañas a la armonía. (Sería posible hacer aquí una nueva definición de la «disonancia».)

Cada acorde, mejor dicho, cada espacio tonal contiene estructura compositiva y color orquestal propios. Volvamos a hacer una definición invertida (pues quién sabría distinguir aquí entre causa y efecto): al cambiar los colores y los procesos de movimiento, cambian los acordes, y cambian por lo tanto menos de lo acostumbrado en la música anterior, por lo cual permanecen mejor conservados en el recuerdo, unidos a la estructura compositiva a la que pertenecen. Así, un acorde, una estructura compositiva y un color orquestal determinados son inventados a la vez —no uno tras otro— en forma de unidad de invención.

Quien no tenga miedo al esfuerzo, que compruebe esto revisando conmigo 20 páginas de la partitura de *El mar*. Como ayuda para su lectura presento a continuación el extracto armónico respectivo con numeración de la situación de los acordes, su dinámica y el número de la página.

Las ligaduras señalan enlaces tonales de un acorde a otro, efectuados por un mismo instrumento. Véase, por ejemplo, el continuo ritmo de corcheas del arpa, páginas 56-57 destinado a enlazar los grupos 3 y 4 o la transición de las páginas 64-65: doble barra, cambio de tempo. El enlace está creado por el trino de los primeros violines en *Sol sostenido* (primero —casi *La bemol*—, séptima sobre *Si bemol*; después, tercera sobre *Mi*). Obsérvese sobre todo el continuo enlace de grupos efectuado desde la página 66 a la 74 por el Sol sostenido del bajo.

Acordes inmóviles como en 3, 4, 7 y 8 alternan con acordes figurados en 17 y 18, con planos de texturas en 6, 9, 10 y 11, con un movimiento pendular como el de 1, una mixtura real en 5 y la mixtura tonal de 12,

13, 14 y 16. Todos los acordes son estratificaciones de terceras y aparecen en especial todas las clases de acordes de séptima —incluso en inversiones—, como también acordes de séptima y novena. Hay también tríadas aumentadas, algunas de ellas con séptima añadida.

DE SCHÖNBERG A LA ACTUALIDAD (DESDE 1914)

LA ARMONÍA ATONAL (SKRIABIN, SCHÖNBERG)

De diez a treinta años después de producirse el alejamiento de la mayoría de los compositores de la tonalidad mayor-menor y del principio de la formación de acordes mediante estratificación de terceras, Schönberg y Hauer desarrollaron, independientemente uno del otro, técnicas dodecafónicas distintas, Hindemith formuló en su «Unterweisung» (Aleccionamiento) las leyes de su nueva armonía, y dispuso Messiaen un nuevo orden modal. La música que todavía no se ha plegado a estos nuevos ordenamientos y que por otra parte no se ajusta ya tampoco a la armonía clásica, recibe el nombre de *atonal* y fue sospechosa entonces de arbitraria y desordenada. Hoy se brinda, en cambio, a nuestra retrospectiva una sorprendente homogeneidad y consecuencia en la formación de acordes de la música de hacia 1915, hasta el punto de que el análisis de compositores tan distanciados entre sí como Skriabin y Schönberg produce unos resultados casi idénticos.

Empezaremos viendo dos pasajes de una de las últimas composiciones del compositor ruso Alexander Skriabin (1872-1915), su Preludio opus 74 número 1. Igual que en su caso, pues Skriabin desarrolló un sistema armónico propio, queremos, en todos los análisis que vamos a hacer a continuación, dar menos crédito a las teorías, preceptos compositivos o procedimientos artesanos formulados por los respectivos compositores, que a las composiciones en sí. Dado que la obra no siempre coincide con los propósitos manifestados por el compositor, y unas veces se desvía de ellos y otras va más allá de los mismos (llegando incluso a realizar ordenamientos que se escapan a la consciencia del compositor mismo), y no es nuestro propósito en absoluto hacer aquí ninguna historia de la teoría de la música, nos limitaremos en el tratamiento de la música del siglo xx a discernir métodos y técnicas compositivas tomados del análisis de distintas obras.

intervalo
más agudo: +3 −6 +6   4   +6   −6 +7 −6
número de las diferentes notas
del acorde: 6   6

intervalo
más bajo: Trit.   Trit.   Trit.   Trit.

] = trítono
○ = tríada aumentada

intervalo
más agudo: 4 4 +3 −3   Trit. Trit. +3 +6 +3
número de las diferentes notas
del acorde: 5 6   6 6

intervalo
más bajo: Trit. Trit.   −3 +3   Trit. Trit.— +3 Trit.

La mayor parte de las notas son conducidas directamente, o bien mediante un giro melódico interno de la sensible (= la legitimación melódica más convincente).

Todos los acordes de este preludio tienen de cinco a ocho notas, no siendo nunca *diferentes* menos de cinco ni más de seis (las octavas, por de pronto, cuentan como la misma nota). O sea, una densidad armónica muy uniforme. (Sería interesante escribir una historia de la densidad de acordes. Desde 1600 hasta el clasicismo temprano: tríadas, tendencia al acorde de cuatro sonidos que desemboca en la armonía de Wagner, acordes de cinco-seis notas hacia 1915...)

Todos los acordes contienen uno o dos intervalos de trítono, y aparece también con frecuencia la tríada aumentada, cuyo efecto armónico es similar al del trítono. En casi todos los acordes, la nota del bajo tiene un enlace de trítono: es un alejamiento manifiesto del acorde mayor-menor determinado por la quinta y una destitución de la función de soporte que hasta entonces ejercían las notas del bajo. Todas las notas del acorde adquieren la misma importancia.

La física denomina *estado de equilibrio indeterminado* a aquella situación en la que no está claramente definido lo superior y lo inferior, lo pesado y lo ligero, y lo que sustenta o lo que es sustentado. Sin embargo, *lo superior* es cuidadosamente tratado.

El intervalo más agudo (el oyente escucha por lo general en sentido descendente a partir de la superficie del acorde, y por lo tanto percibe con especial claridad el intervalo más alto) es en la mayoría de los acordes una tercera o una sexta, lo que les confiere a los acordes sensualidad, suavidad, contenido armónico y dulzura. Dígase lo que se diga, las consonancias perfectas, la quinta y la cuarta, en acordes situados fuera de la armonía triádica ejercen un efecto disonante, áspero, carente de sensualidad y duro. Ningún oyente diría que es consonante el intervalo más alto: cuando se tocan acordes como los siguientes:

Todos los acordes contienen también disonancias punzantes como la séptima mayor o la novena menor. (Las segundas mayores, las séptimas menores y las novenas mayores tienen, en cambio, un grado de disonancia más suave. Pertenecen además a este grupo las *disonancias características* tradicionales.) Llama la atención que se excluyen asociaciones de acordes tradicionales mediante la evitación u *ocultamiento* consecuente de las quintas.

En el acorde —escrito a partir de la nota del bajo:

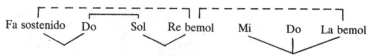

Fa sostenido   Do   Sol   Re bemol   Mi   Do   La bemol

(p. 265, arriba, penúltimo acorde)
dominan dos relaciones de trítono y la tríada superior aumentada. De las tres quintas contenidas en el acorde, son precisamente aquellas dos que están formadas por una nota extrema (= la nota más grave y la más aguda, por ser las que se perciben con especial claridad), las que resultan extinguidas por las notas insertadas entre ellas.

Obsérvese también qué diferente puede sonar una octava y con qué libertad la trata Skriabin (a diferencia de numerosas obras vulgares de segunda clase y realizadas posteriormente que se atienen estrictamente a la prohibición de la octava de la teoría dodecafónica, sin dejar que el oído decida entre un caso y otro).

En el segundo acorde del primer ejemplo, que va completándose de arriba abajo, el *La-La* del bajo constituye, naturalmente, una octava, *la misma nota*, exactamente igual que, en el último acorde del primer ejemplo, las notas superiores de la mano izquierda: *Mi-Si bemol-Mi* es oído sin duda como un grupo, como una octava con un trítono añadido.

Otra cosa diferente son las duplicaciones de los tres acordes marcados con ♀, en los que la segunda octava es en cada caso una nota *nueva*, que eclipsa a aquélla en el espacio intermedio de la nota en cuestión por la séptima mayor o la novena menor:

Para el *Do*, el *Re bemol* constituye una nota nueva, y respecto al *Re bemol*, el *Do* vuelve a constituir para mi oído una nota nueva no utilizada. El oído me obliga a revisar en estos tres acordes el dato *número de notas diferentes* mediante los números anotados en el círculo. Pero tengo que invitar insistentemente al lector a que pregunte aquí a su propio oído y saque su propia conclusión; lo que acabo de comunicar sobre el problema de las octavas es una explicación de *mi* experiencia auditiva y mi opinión, sin intención de convertirla en una teoría obligatoria.

Ejercicios. En la invención de series de acordes, de acuerdo con el conjunto de reglas halladas mediante análisis, y como resultado de lo que acabamos de exponer, se deberá trabajar siempre con un instrumento, haciendo comprobaciones y profundizando así la percepción auditiva; ya que estos ejercicios tienen como principal objetivo la sensibilización del oído. Conseguiremos así una sonoridad plausible de las series de acordes de invención propia cuando una o más de las voces completen su camino hasta su nota siguiente mediante pequeños pasos melódicos, como ocurre en Skriabin. Procedimiento: primero, el siguiente acorde; después, el camino de la melodía, y viceversa.

En los dos ejemplos siguientes, tomados del *Pierrot lunaire* (1914) de Schönberg, he suprimido la voz de la melodía hablada, lo cual, sin duda, no será considerado justo por algunos lectores.

Número 15: el clarinete, el violín y cuatro voces del piano producen este fragmento a seis voces:

Número 19, cello y piano:

Como en el caso de Skriabin, también aquí casi todos los acordes contienen uno o más trítonos, y el hecho de que los acordes que no incluyen trítonos contienen casi siempre una tríada aumentada, demuestra la similitud mencionada en el comentario sobre Skriabin entre el efecto armónico del trítono y el de la tríada aumentada. También aquí todos los acordes contienen agrias disonancias. El segundo ejemplo nos revela claramente que ya no se puede aplicar el anticuado término de *acompañamiento de piano*. Casi siempre el piano introduce notas que precisamente no suenan en la voz del cello. La vecindad de tercera de las notas de un acorde se ha hecho extraordinariamente rara. Los acordes tienen de cuatro a ocho notas diferentes, en la mayoría de los casos cinco o seis. En la parte de piano del segundo ejemplo hay sólo una octava, legitimada como nota de paso en el tiempo más débil. (*Fa sostenido* en el quinto compás.) Nótese la inversión de las reglas de las notas de paso tradicionales: antes había que disculpar a la disonancia como nota de paso, ahora hay que disculpar a la consonancia perfecta.

El acorde y la estructura (Webern)

Cuando alguien se proponga analizar armónica o melódicamente la obra de Anton Webern, no deberá achacar los escasos resultados que en ello consiga a la música en cuestión, sino a su propio planteamiento. Recuérdense mis comentarios al respecto en el apéndice a la 10.ª edición de la *Allgemeine Musiklehre* (Teoría general de la música) de Hermann Grabner. La tendencia de Webern, al trascender el ordenamiento de las doce notas tomado de Schönberg, a *ordenar* también el discurso cronológico, la posición de las notas en la octava y la intensidad de los sonidos (tendencia hacia la música serial; véase también en este sentido el apéndice mencionado), sustrae su música a la competencia de este libro.

Nos sentimos, sin embargo, autorizados para hablar sobre el primer movimiento de su Sinfonía opus 21 (1928). Instrumentación reducida: clarinete, clarinete bajo, dos trompas, arpa y un cuarteto de cuerdas solista. Esta obra tiene como base una serie dodecafónica simétrica:

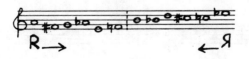

La segunda mitad de la serie es la retrogradación de la primera, transportada al trítono. Es decir, que la retrogradación de la serie entera es idéntica a la serie misma. Y por lo mismo, en vez de cuatro formas de la serie diferentes (R, ʁ, Я, Я, a saber: R = serie, U = inversión, K = retrogradación, KU = inversión de la retrogradación) hay sólo dos. Doble barra al cabo de 25 compases. Veremos que esta primera sección puede recibir el antiguo término de *exposición*.

A continuación el proceso de los primeros 14 compases, advirtiendo que hemos escrito las notas y grupos de ellas que suenan en los diferentes instrumentos, de acuerdo con su pertenencia a la serie:

Ahora bien, lo inusual de esta exposición —y de aquí nuestra atención— es que en estos 25 compases sólo suenan las notas siguientes (1), cuya disposición resulta ser un ensamblaje de dos cadenas de cuartas (2), a la que se ha añadido como eje simétrico (3) la nota *La* que no participa en este encadenamiento:

Las doce notas están contenidas en este arsenal de notas, 11 de ellas una vez cada una y sólo la nota *Mi bemol* en duplicación inevitable. (Como trítono presenta una distancia ascendente o descendente igual respecto de *La*, y es al mismo tiempo la sexta nota de las dos cadenas de cuartas: así pues, ¡o no hay ningún *Mi bemol* o lo hay dos veces!)

Pero podemos verlo también de esta manera: se trata de una sola cadena de cuartas que, en su mitad, o sea, en el *Mi bemol*, salta a otra octava para no terminar en una posición demasiado aguda. El *La*, o sea, la nota que seguiría a la nota más grave y a la más aguda, ha sido trasladada a la mitad.

Considerada como un trabajo dodecafónico, esta exposición sólo se puede calificar de pésima. El *La bemol-La bemol* (compases 3-4) es malo, y del todo improcedente la acumulación de tres *Si bemol*, además simultáneos, en los compases 5-6. Pero nuestro oído acusa en estas densas repeticiones la igualdad de posición, siendo la siguiente una forma de audición muy adecuada a tal exposición: se trata de un acorde permanente en el cual las distintas notas aparecen iluminadas como por un foco intermitente, sólo de manera fugaz. Y surge así un acorde estrictamente simétrico, equilibrado en torno al *La*.

Se habrá observado en la representación de la serie que las dos series que arrancan del *La* siguen un curso rítmico idéntico y que ambas empiezan a distancia de tercera mayor por encima y por debajo del La respectivamente, de manera que el espacio tonal situado por encima del

La contiene la misma frecuencia de entrada de las notas y la misma suma de duración de éstas, como en el espacio tonal situado por debajo del La.

Mi		10	Duración	17*
Si		10	total de	16*
Fa sostenido	Número de	12	las notas	18
Mi bemol	veces	5	en negras:	6
Do sostenido	que	10	(Las apoya-	14
Si bemol	aparecen	10	turas	17*
La	las notas	13	están	14**
Sol sostenido	en la	10	señaladas	17*
Fa	exposición:	10	con un as-	14
Mi bemol		5	terisco)	6
Do		12		18
Sol		10		16*
Re		10		17*

Ejercicio. Para empezar, un ejercicio de oído. Se trata de escuchar esa exposición en un disco repetidas veces, concentrando el oído cada vez en un estrecho y delimitado punto de atención distinto, a fin de distinguir dentro de esa esfera auditiva el correspondiente sonido. Extiéndase, por último, la atención del oído al espectro sonoro total.

Después dejaremos descansar —ya fue suficiente— la cuenta de series dodecafónicas. Y estudiaremos más bien en el resto de esta composición, su modificación armónica, lo cual significa en esta obra: la diferente importancia de las tesituras. El acorde empieza por extenderse hacia arriba (¡apenas quedan notas más graves a disposición de los instrumentos empleados!), hasta que en la tercera parte de la composición el acorde queda situado muy arriba:

El *Do* más grave del cello en el compás 66*a*, está condicionado por el signo de repetición, es decir, que pertenece a la parte central de la composición.

LA FUERZA ARMÓNICA (HINDEMITH)

Con el continuado arrinconamiento que sufre la tríada y la preferencia dada a las cuatro disonancias suaves —cuatro formas de acorde en los que se evitan la segunda menor y la séptima mayor—, se revela en la obra tardía de Wagner una clara tendencia en dirección a un mundo armónico uniforme. Ese mismo camino siguieron hasta las últimas consecuencias Skriabin y Schönberg. Con sus acordes de cinco y seis notas, de disonancias siempre penetrantes, que contienen o bien un trítono o bien la tríada aumentada, crearon un mundo armónico hasta tal punto homogéneo —en la renuncia a contrastes y tensiones contrarias— y de tal manera limitado en su posibilidad de desarrollo, que ese lenguaje no podía seguir siendo ya el lenguaje de las futuras generaciones de compositores.

Pero fue sólo una consecuencia de ese tipo en el tratamiento del material armónico lo que permitió superar (y no sólo ampliarlo interesantemente) el lenguaje musical que determinara antes el barroco, el período clásico y el romancitismo: un lenguaje cuyo fundamento residía en la tensión y distensión armónica, en la contraposición del ámbito de la dominante y del de la tónica, un pensamiento armónico en el método y el objetivo, en el alejamiento y el regreso. La eliminación que hace Schönberg de la consonancia y la emancipación de la disonancia retira de la circulación esos dos términos. Sólo quien oiga rara vez la música de Schönberg y por lo mismo no esté capacitado para percibirla como un lenguaje en sí mismo, y en cambio compare cada acorde con aquellos de otra música que le son familiares, puede calificar a Schönberg de *disonante*.

En cambio, juzga correctamente quien encuentra pasajes disonantes en Hindemith. Es cierto que éste emplea normalmente acordes mucho menos tensos que Schönberg, y que utiliza la quinta vacía y tríadas en modo mayor y menor. Es decir, Hindemith no sigue en absoluto el camino de Wagner, sino que más bien se atiene al lenguaje de Bach o Haydn. El antiguo concepto de consonancia y disonancia, de tensión y distensión experimenta en su música una nueva diferenciación.

He aquí las tesis principales de su *Unterweisung im Tonsatz*: a diferencia de todas las teorías armónicas anteriores, que sólo trataban una selección de acordes, Hindemith adopta una clasificación de todos los acordes posibles en seis grupos con subdivisiones en cada uno de ellos.

De acuerdo con esa división queda determinada la *fuerza armónica* de los grupos de acordes. A cada intervalo le corresponde una nota fundamental: en el caso de la quinta, las dos terceras y séptimas de la nota inferior; en el de la cuarta, las dos sextas y segundas de la nota superior. La nota fundamental del *mejor intervalo* de un acorde (sucesión de series 5 4 +3 −6 −3 +6 +2 −7 −2 +7) es determinada como nota fundamental del acorde. En el curso de la composición los acordes se fusionan, dando lugar a unidades armónicas de más envergadura (grados). La sucesión de esos centros tonales recibe el nombre de *progresión de grados*.

Sin embargo, hay que defender la música de Hindemith contra su propio *Unterweisung*. No cabe duda de que las directrices allí propuestas para lograr una audición diferenciada y controlar el empleo del material armónico tiene gran mérito; pero es problemático que él mismo valore o descalifique, respectivamente, esas posibilidades armónicas. Al referirse a un grupo de acordes los califica de «extraña calaña de acordes exagerados, chillones y groseros», mientras que califica a la tríada mayor y menor como «el más noble de todos los acordes». Leemos también, lamentablemente, expresiones como *más valiosos que*.

Porque lo cierto es que sólo pueden ser problemáticas composiciones enteras (cuando no tienen categoría alguna), pero no se puede hablar de la «exageración», «grosería», o «nobleza» de unos acordes determinados de una obra lograda, ni decir que son «más valiosos» que otros. Una obra bien lograda en la que todo concuerda, pierde esa coherencia cuando se sustituye en ella un acorde supuestamente «exagerado» por otro supuestamente más valioso: para la obra en conjunto, cualquier acorde bien situado tiene el mismo valor. Claro está que esto lo sabía perfectamente Hindemith como compositor. Vamos a preguntárselo a su legítimo testamento, a su música.

Empezaremos por los dos primeros compases de su Sonata para piano de 1934:

Ocho acordes. A pesar de una breve pausa, una frase que es iniciada y concluida con la tríada mayor, no aparece ni una sola vez más en medio de la frase. Acordes 2 al 4 de suave disonancia. Aumenta inmediatamente la acritud de los acordes. La séptima mayor, escondida en el interior del quinto acorde, sale a primer plano en el intervalo más agudo del sexto acorde. Un trítono en el penúltimo acorde, que no contiene ninguna otra disonancia fuerte, suena suavemente; y resuelve. Con frecuencia Hindemith introduce, de esta manera, acordes con trítono de disonancia suave que mitigan las tensiones, concudiendo a una conclusiva situación de descanso. (¡Obsérvese la diferencia existente con la D^7 tradicional como acorde de tensión!)

Esta misma organización armónica aparece ya al principio de una composición suya («Lied») del ciclo «Reihe kleiner Stücke» (Serie de pequeñas piezas) de 1927, de extraordinario encanto. Y, curiosamente, poco interpretadas. (No están escritas las coloraturas de la voz superior.) La curva de tensión armónica aparece aquí en forma de un arco corto seguido de otro de mayor longitud y tensión armónica.

Explicación de los signos —totalmente adecuados según mi experiencia— que he utilizado aquí para designar los acordes:

R   = Acorde de descanso, quinta y octava pura.

K   = Acorde de significado; predominan las tríadas mayores y menores y sus inversiones. También: predominio de las vecindades de tercera.

S1   = Tensión de primer grado; dominan las segundas mayores y/o séptimas menores, así como las cuartas.

S2   = Tensión de segundo grado; las segundas menores y las séptimas mayores determinan el acorde.

W   = Distensión del acorde; sobresalen claramente el trítono o la tercera aumentada.

Mediante la doble clasificación es posible una diferenciación completamente lógica; se pone delante el signo correspondiente al elemento armónico predominante.

Advierto, sin embargo, con toda energía en contra del vano intento de convertir esta propuesta de definición en un sistema perfecto.

Incluso en el caso de la doble clasificación, algunas personas oirán, valorarán y clasificarán de manera diferente. En cualquier caso, esta propuesta de clasificación de la música de Hindemith deducida por mí podría ser más practicable que la propia clasificación de Hindemith: su grupo tercero («con segundas y séptimas») no establece incomprensiblemente una diferenciación entre los dos grados de disonancia, a diferencia del Hindemith compositor, y en ninguno de los acordes se tienen en cuenta las vecindades de nota (el *orden de colocación* de las notas).

También en este arte de colocar las notas, la música de Hindemith hace una diferenciación mucho más exacta. En un punto culminante en fortissimo de «la tentación de San Antonio» (De «Matías el pintor») se contenta el clásico Hindemith, como de costumbre, con un orden de colocación de las notas suavemente disonante (1), que se produce siempre que se da preferencia a las vecindades de segunda mayor y cuarta, mientras que las notas contenidas en el penúltimo acorde (2), dispuestas de otra manera, permiten acordes sumamente diferentes, por las terceras como por las disonancias mucho más fuertes (3).

Esto debería, en mi opinión, estimularnos a emplear una clasificación valorativa, al contrario de Hindemith, que habría clasificado por igual todos los acordes. (De acuerdo con el sistema de notación de Hindemith, sólo se habría modificado la posición de la *nota fundamental*.)

He aquí el comienzo del preludio al último Lied de «Marienleben» de Hindemith en su primera versión de 1922-1923 y en la nueva versión de 1948. La primera versión se queda esencialmente en un plano armónico, mientras que la versión nueva constituye un ejemplo por excelencia de *fuerza armónica* en lo que respecta al aumento y reducción de la tensión.

Teniendo en cuenta esta segunda solución, no deberíamos sumarnos a ese juicio tan en boga que condena en conjunto al Hindemith tardío; esta solución convence sin duda alguna. Sin embargo, hay en las obras escritas después de su *Unterweisung* demasiadas frases construidas exactamente del mismo modo, y rara vez se consigue la fascinación sin ninguna sorpresa. Si uno oye varias obras de esa época, se sabe a menudo de antemano lo que va a ocurrir.

Es interesante fijarse en lo cercano y lejano al mismo tiempo a Schönberg que nos suena el preludio para piano de la primera versión de la «Anunciación de María» (Mariä Verkündigung).

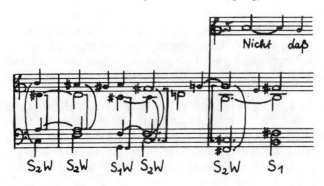

Exceptuando el último acorde, todos ellos contienen el trítono, y cuatro de los seis una séptima mayor o una novena menor. Pero, a pesar de esa uniforme sonoridad cercana a Schönberg, tenemos un inconfundible Hindemith en la conducción de las voces exteriores: triple legitimación por salto de cuarta en el contrapunto del bajo frente a una melodía tonal, cautelosamente modulante.

Se nos ofrece aquí la ocasión de hacer ejercicios de composición en el lenguaje del Hindemith tardío, pero me resisto a aconsejarlo. Este lenguaje musical corre ya demasiado peligro de desgastarse en la misma obra de Hindemith, y muchos de sus seguidores alemanes han rebajado el lenguaje artístico, relegándolo por completo al nivel de un oficio de artesanía. Concedámosle, pues, una «veda protectora».

EL ACORDE COMO TEMA (MESSIAEN)

Fue ya idea de Debussy desarrollar una composición partiendo exclusivamente de las posibilidades armónicas de la tercera en sus «Tierces alternées» *(Preludios II)*. En la colección de piezas para piano «Mikrokosmos» de Bartók existen piezas de similar limitación del material y de similar *inspiración en el material*. Un acorde o un elemento estructural para la construcción de acordes puede constituir la idea central de una pieza, el *tema*, la tarea que el autor se ha impuesto. Vemos con frecuencia en la música del siglo XX que las ideas son desplazadas como recurso del material por la forma: al compositor no se le ocurren melodías, sino elementos estructurales y posibilidades de construir algo con ellos.

Es interesante —por poco clara— la situación en la larga obra para piano de Messiaen *Vingt Regards sur l'Enfant Jésus*, de 1944. Algunos de los temas, similares a los *leitmotive* wagnerianos, que aparecen en esas *Veinte miradas al Niño Jesús*, son melodías a una voz (tema de la estrella y de la cruz), otros están fijados en forma de unidad melodicoarmónica (tema de Dios, tema del amor).

En el medio, entre la forma y el material, se halla el *Thème d'accords* (Tema de acordes), compuesto por cuatro acordes de cuatro notas, muy diferentes en cuanto a estructura y valor armónico. En sus 16 notas aparecen duplicados el *Fa sostenido*, el *Sol sostenido*, el *Si bemol* y el *Si*, y las ocho notas restantes una vez cada una:

Estos cuatro acordes se utilizan totalmente en el sentido de un tema, de una figura reconocible, sin otra manipulación que la rítmica (XIV) (1). Pero son tratados también como material armónico, de manera que en el resultado de su elaboración no es perceptible ya el origen del material. En el VI son entretejidos de dos en dos en forma de un arpegio (2); en el IV aparece el *Thème d'accords concentré* (3); lo mismo aparece, en otra concentración distinta, en el XVII (4).

Mi en vez
de Sol sostenido

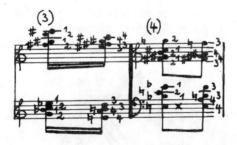

He aquí el análisis de una sección del XIV. Se puede ver que el procedimiento compositivo es muy similar a la técnica dodecafónica, que emplea su material tanto en sentido vertical como horizontal, dado que los acordes que aquí aparecen han sido separados ocasionalmente como serie de notas en sentido horizontal.

Discusión de acordes seleccionados

1.   Hindemith, «Música para piano» (1925), número 1 del «Übung in drei Stücken» (Ejercicio en tres piezas), parte central: largas cadenas de semicorcheas a dos voces en ppp, interrumpidas doce veces, como por un chasquido, por un acorde en fortísimo que en este caso, como a menudo en Hindemith, Bartók y otros, ejerce una función de percusión.

Do sostenido-Fa sostenido
Do-Fa
Si-Mi

En la colocación de las notas encontramos aquí la predilección por la cuarta típica del Hindemith tardío. Tres cuartas a distancia de semitono producen desde luego unas disonancias muy fuertes; es una dureza armónica que no empleará el Hindemith posterior.

Convendría añadir aquí otro signo convencional armónico de carácter definitorio negativo) S_2, Ҝ ya que el componente tercera-sexta es ahorrado en lo posible. (La sexta *Mi-Do* no aparece en el primer plano del efecto armónico producido por el acorde.)

2. Alban Berg, «Suite lírica» para cuarteto de cuerdas (1926; p. 69). Los instrumentos de cuerda repiten diez veces en fff, con la misma métrica, las dobles notas (1). Se origina así un acorde repetido de ocho notas, las cuales (2) están relacionadas entre sí a distancia excepto una vez, que aparece una tercera menor

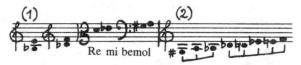

Re mi bemol

Muchas notas dispuestas en posición tan estrecha reducen el valor interválico y con ello el efecto de la disonancia. No hay nada que supere en acritud disonante a dos notas solas situadas a distancia de séptima mayor o novena menor; únicamente se podría suavizar esa disonancia. (Pensemos sólo en la tercera escena del tercer acto de la ópera *Wozzeck* de Alban Berg, en la cual se descubre la sangre que hay en la mano del protagonista; durante toda la escena nos taladran el oído las séptimas mayores sin nada que las dulcifique.

3. Pocos compases después, en la misma obra. Repetición de la métrica, igual que en el pasaje que acabamos de comentar. El cello toca a solas dos veces un único *Mi*, sigue por dos veces una doble cuerda con *Sol*; luego, dos veces un *Re sostenido* en la viola, y a continuación toca otra vez la viola dos veces una doble cuerda con *Si*, y así sucesivamente: un acorde de ocho notas se construye así lentamente de abajo arriba.

Mayor valor armónico aquí que en el ejemplo que hemos comentado anteriormente a pesar de estar formado por el mismo número de notas. Esto es debido a la amplia disposición y al *orden de colocación*, suave en extremo, de las notas: sólo una vecindad de quinta; todas las demás son de tercera y sexta, lo que, como es natural, resalta sobremanera al

entrar las notas una a una y suaviza considerablemente las aristas disonantes forzosamente existentes. Se trata de un acorde que percibirá
el oyente como radiante y magnífico y nunca como cortante en extremo.
Referente al componente tercera-sexta, constituye el antípoda extremo
del acorde número 1 de Hindemith.

4. Gustav Mahler, 10.ª Sinfonía. En el único movimiento que dejó
terminado Mahler, se siguen en apretada sucesión los dos únicos tutti
puntos culminantes en ff. El primero en forma de un acorde en la bemol
menor en una disposición llamativamente aguda. A continuación, tras
una sección de cinco compases en maderas, trompas y arcos, esta construcción de acordes hacia el segundo tutti culminante, se completa en
el cuarto compás con la entrada de las trompetas:

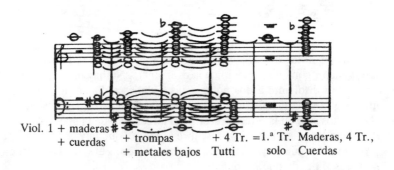

Viol. 1 + maderas + ── + trompas + 4 Tr. =1.ª Tr. Maderas, 4 Tr.,
        + cuerdas   + metales bajos Tutti   solo Cuerdas

Encontramos una superposición inferior de terceras por debajo del
La de los violines *(Fa-Re-Si-Sol sostenido)* y una superposición superior
de terceras nota a nota por encima de dicho La (+ *Do*, + *Mi bemol*, +
Sol) hasta completar el acorde de nueve notas. (Sólo faltan el *Mi*, el *Fa
sostenido* y el *Si bemol*.) Esta técnica atenuante del enlace por terceras
se convirtió posteriormente en Berg en el procedimiento dominante en
la formación de acordes. Sin embargo, este estratificado acorde tiene
un sonido extraordinariamente excitante, salvaje y amenazador: es la
ruptura atonal en un movimiento ampliado esencialmente en sentido
tonal, traumático sobre todo después del tutti en la bemol menor que
acabamos de oír. Se patentiza aquí con qué fuerza está determinado
cualquier efecto armónico por el entorno. (El acorde número 3 brilló
de forma relativamente suave al haber seguido inmediatamente al rui-
doso segundo acorde de ocho notas.) Hay que tener también en cuenta
las ásperas relaciones de las voces exteriores: el *Sol sostenido* de las
trompas con sordina contra el *La* agudo, y la inmediata ampliación si-

multánea del ámbito mediante el *Do* y el *Do sostenido* como nuevo límite tonal.

5. El acorde y su posición. Ejemplos de la ópera *Wozzeck*. «Wozzeck, acabará usted en un manicomio», canta el doctor. Hay dos elementos sin ningún enlace con la estructura del acorde, disposición y articulación que actúan como imagen representativa de un espíritu humano que está perdiendo todas sus fuerzas. Un agudo y denso mi menor repetido en staccato en contraposición a una séptima menor grave mantenida. La posición usual de los clarinetes, una octava más grave, habría destruido ese efecto (p. 133).

Final de la escena segunda del acto tercero. María ha muerto. Fugaces motivos en el fagott en un infinito vacío armónico, mientras Wozzeck huye de allí silenciosamente; quintas vacías que el oído tratará de buscar, en un ámbito de cinco octavas. El arpa, situada por debajo, continúa con su nota más grave el golpear de los timbales que han sonado sin interrupción durante la escena entera del asesinato. La ampliación de las quintas vacías hasta el límite agudo de ejecución instrumental y auditivo, es esencialmente determinante para el efecto de desesperanza de la situación de Wozzeck.

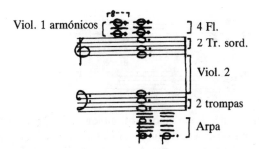

6. El acorde y la instrumentación. El efecto sonoro buscado puede

verse resaltado o destruido por la instrumentación. *Wozzeck*, acto primero, escena cuarta. Acordes graves en cuartas de las cuerdas. (Es lo usual en Hindemith; pero en el caso de Berg, un acorde sin tercera constituye una rareza que llama nuestra atención.) En contraposición a esa vacía oscuridad, el curioso *resplandor rojo* de las cuatro flautas en doble trítono. Lo primero que nos hace inteligible la situación es la separación de los grupos de instrumentos. Si Berg hubiese situado el *Fa sostenido* y el sol en las cuerdas, habría saltado al primer plano una séptima mayor oculta como aspereza armónica. Si, en cambio, la cuarta flauta se hubiese ocupado del *Sol* y la viola hubiese cambiado al *Si bemol*, se habría debilitado el efecto del doble trítono.

Wozzeck: «Está oscuro y luce sólo un resplandor rojo al oeste».

Hans Werner Henze, «Neapolitanische Lieder» (Canciones napolitanas, 1957). Un primer acorde de la orquesta largamente mantenido tras un recitativo sin acompañamiento del cantante. La insinuación a la guitarra (las cuerdas tocan las notas de las cuerdas al aire de la guitarra) se destruiría por supuesto del mismo modo que el encantador contraste tensional del acorde entero, si Henze hubiese colocado notas entre los instrumentos de viento y las cuerdas o hubiese hecho una instrumentación mixta.

Pero la instrumentación puede lograr también una especial acidez en los acordes. «Es como si el mundo fuera a incendiarse», canta Wozzeck, también en la cuarta escena del acto I. En ese momento los grupos de instrumentos de la orquesta entran sucesivamente hasta formar por último un acorde de ocho notas (1). Los cinco primeros grupos lo hacen en fpp o ffp y no inician su crescendo hasta que ha entrado el último grupo de maderas. Pero éste hace salir claramente al primer plano mediante un f, la desnuda segunda menor *Do sostenido-Re* (2). Por supuesto que esa disonancia se vería muy atenuada si por la incorporación de las notas contenidas ya en el acorde, la última entrada del forte sonara algo así como (3):

7.

Séptima mayor que contiene cuarta y trítono, o novena menor que contiene quinta y trítono; ambas sin el componente de tercera-sexta. Se trata de la figura armónica dominante en muchas obras de Webern y de la *Escuela de Kranichstein*, que se basa en él. La posible clasificación S₂ W Қ, está indicada siempre que aparece un acorde de este tipo en Hindemith, pero pierde desde luego su sentido cuando una figura armónica tal determina una obra entera, dado que cualquier clasificación de un valor armónico supone la existencia de relaciones con otros acordes *de la misma* obra.

Así pues, sólo podemos aplicar las categorías de contenido armónico, tensión o aspereza, suavidad y reposo en el caso de compositores como Hindemit, Berg, Henze y otros muchos compositores más jóvenes de la actualidad que emplean la paleta entera de los acordes posibles; hay algunos que lo hacen *todavía*, y hay otros que *por fin,* vuelven a hacerlo.

Por lo tanto, y antes de ponernos a analizar determinados acordes, es indispensable analizar la paleta total sonora empleada en la obra en cuestión. Ella constituye el camino a seguir para la adecuada audición de esa obra, así como para la valoración de los diferentes acordes.

EXPLICACIÓN DE LOS SIGNOS CONVENCIONALES

T S D	Mayúsculas: la función correspondiente aparece como acorde mayor.
t s d	minúsculas: la función correspondiente aparece como acorde menor.
T_{43} t_5 T_{123}	Las cifras subíndices indican qué nota de la tríada o qué nota añadida está en el bajo.
$D^{565}T^{43}t^{78}$	Las cifras superíndices se refieren al proceso melódico *en una* de las tres voces superiores.
T^3 D^5 t^8	Las cifras superíndices indican qué nota de las contenidas en el acorde está situada en la *voz superior*.
D^7 S^6T_7 D_7^9 D_4^6	7 = nota añadida. La 6.ª está en lugar de la 5.ª, la 4.ª en lugar de la 3.ª, la 9.ª en vez de la 8.ª. Cuando suenan la 6.ª *y la* 5.ª, tienen que estar clasificadas ambas.

Las cifras clasifican siempre notas propias de la escala. D^9 delante de t indica, por lo tanto, la novena menor; D^9 delante de T, la novena mayor. $D_{43}^{65}t$ se refiere a la sexta menor de la D, y $D_{43}^{65}T$ se refiere a la sexta mayor de la D.

$D_{5>}^7$	Alteración en menos de la quinta.
$S_5^{6<}$	Alteración en más de la sexta.
$'D_{43}^{6>5}$ T	Pese a estar la tónica mayor como acorde de referencia, aparece la sexta *menor* de la dominante (que en T no es propia de la escala).
$T\underline{\quad ST\quad}$ $T\underline{\quad\quad}_{151}$	Raya transversal: la función se mantiene en una o en algunas voces.
s^n	Acorde de sexta napolitana (= $s^{6>}$).
$\not{D}_5^7$ $\not{D}_7^9$	La función tachada falta en el acorde.
$\overset{t}{D}^v$	«Acorde de séptima disminuida en t» (también en T). (En Maler: D^v.)
$^t\not{D}^v$	«Acorde de séptima disminuida en D» (también en d). (En Maler: $\not{D}^v$.)

Atención: $\overset{v}{D}$, construido sobre la sensible, tiene las notas 1, 3, 5 y 7; el D^v de Maler, pensado a partir de D, tiene las notas 3, 5, 7 y 9.

Recomendamos en el caso de estas dos funciones nombrarlas por su objetivo. «Te Dede Uve» sería un término monstruoso.

(D^7) Tp, T $(s_5^6 D_{43}^{65})$	Tp una función o grupo de funciones entre paréntesis se relaciona con el acorde que la sigue como tónica intermedia.
$Tp_{\leftarrow}(D_5^7)$ $\quad$ S_3	Este paréntesis se relaciona con el acorde precedente.
$(D_3^7)[Tp]$ $\qquad$ S_3	El acorde entre corchetes es el acorde de referencia del paréntesis precedente, el cual no aparece. En su lugar en este ejemplo suena S_3.
$\overset{}{D}{}^7$	«Acorde de séptima sobre el séptimo grado en modo mayor»; es el acorde más importante del período clásico. (En Maler: $\overset{}{D}{}_7^9$.)
$D_7^9 T$ y $D_7^9 t$	Existe como acorde —y no sólo como retardo— únicamente desde el alto romanticismo. A partir de entonces la clasificación $\overset{}{D}{}_7^9$ sólo puede tener sentido para designar una nota que falta, aunque «está sobrentendida».
VII y VII^7	en modo mayor (II y II^7 en modo menor) denota (sobre todo en el barroco) una posibilidad en la mitad de una progresión —que apenas aparece de otro modo—, con quinta disminuida a partir de la fundamental. Se pueden clasificar también secuencias enteras por grados.
Tp	Relativo menor de una tónica mayor; tP relativo mayor de una tónica menor.
Tg, Sg	(poco frecuente). Contraacorde (Grabner: contrarrelativo).
tG	importante: cadencia evitada en modo menor, contraacorde mayor de la tónica menor.

TP	Pronunciar: «T mayúscula, P mayúscula»; conversión en mayor del relativo de una tónica mayor.
tp	Pronunciar: «t minúscula, p minúscula»; conversión en menor del relativo de una tónica menor.
tg	Pronunciar: «t minúscula, g minúscula»; conversión en menor del contraacorde de una tónica menor.